できる研究者の論文生産術

どうすれば「たくさん」書けるのか

How to Write a Lot

ポール・J・シルヴィア

高橋さきの 訳

講談社

How to Write a Lot:
A Practical Guide to Productive Academic Writing
by Paul J. Silvia

Copyright© 2007 by the American Psychological Association (APA)

This work was originally published in English as a publication of the APA in United States of America.
The work has been translated and republished in Japanese language by permission of the APA through Japan UNI Agency, Inc., Tokyo.

本書を、ベアテに捧げる。朝のカフェラテにも、その他のすべてにも感謝。

推薦の言葉：原著刊行にあたって

ジェイムス・カウフマン博士
カリフォルニア州立大学サンベルナルディーノ校
心理学科 学習研究所 ディレクター

ポール・シルヴィアは、タイトルに恥じぬこの卓越した入門書に、心理学の研究と、現場のエピソードと、ノウハウを盛り込んだ。彼は、文章をたくさん書くだけではなく、文章が実に巧みだ（声を立てて笑ってしまう学術書など、そうそうあるものではない）。文章を書くのは苦手という人にも、苦手ではないけれど文章をもっとたくさん書きたいという人にも、本書をお薦めする。

キース・ソーヤー博士
ワシントン大学（セントルイス）教育学科 准教授

ポール・シルヴィアの新著は、生産性を上げたい研究者にとっての即効薬だ。仕事を先延ばしにする言い訳や口実は片っ端から撃破され、かわりに、たくさん書くうえで役立つ簡潔な実践的ヒントの数々が伝授される。直接の対象読者は心理学分野の研究者や大学院生だが、本書の内容は、分野を問わず、大学教員全員の役に立つはずだ。

ローレンス・S・ライツマン博士
カンサス大学 名誉教授（心理学）
著作に『The Psychology of the Supreme Court（最高裁の心理学）』
『Forensic Psychology（法心理学）』（第 2 版は Sol Fulero との共著）などがある

「言行一致」とはよくいったもので、ポール・シルヴィアは、効果的な執筆について効果的に執筆している。そして、読者を叱りつけたり、楽天家を気取ったりすることなく、書き手として熟達するため

の具体的な道筋を示してくれる。

マーク・R・リーリー博士
デューク大学心理学・脳神経科学科 教授

研究上の仕事や個人的な用事に忙殺されて、執筆作業まで手が回らないというのは教員のグチの定番だ。大学院生もしかり。ポール・シルヴィアは、書けないでいる人には、もっと書ける方法を、すでに書いている人には、他の仕事にしわよせがいかぬよう、もっと効率的に書く方法を示す。本書のアドバイスの数々は、すべての研究者に役立つはずだ。

ディーン・K・シモントン博士
カリフォルニア大学デイビス校 特別教授
全米ウイリアム・ジェイムズ図書賞受賞

『文章をたくさん書く方法（原題）』は、『文章をたくさん、しかもきちんと書く方法』というタイトルの方がよいかもしれない。すぐ使えるヒントと愉快な事例がてんこもりの本書は、有益なだけでなく、読むのが楽しい。すべての学生と、もっと書きたい（あるいは書けないでいる）同僚に本書を薦める。

推薦の言葉：日本語版刊行にあたって

三中信宏
国立研究開発法人 農業環境技術研究所 上席研究員

千字の文も一字から：これなら書ける！　究極の指南書登場

　現代の研究者は書くことが仕事である。専門的な論文を書きつつ、そのかたわらで一般向けの本も書き、さらには予算申請書まで自分で書く。まるで憑依された作家のように日夜休みなく文章を書き連ねる研究者はよほど〝ものを書く〟ことが好きなのだろうと思われるかもしれない。とんでもない。悠々自適の生活をエンジョイしつつ余裕ある文筆生活を満喫している研究者など、どこの大学や研究所を探してもいないはずだ。私自身もそうだったが、ほとんどの研究者は、単調に増加し続けるさまざまな雑務を華麗にこなし（かわし）つつ、わずかな時間を見つけてはキーボードを叩き、締切におびえながら文字をひねり出しているにちがいない。

　そういう悩める研究者諸氏こそ、この『できる研究者の論文生産術』を読むべきだ。本書は研究者および研究者を目指す学生がとにかく「たくさん書く」ための心得集である。心理学者である著者は「たくさん書く」ためにはどうすればいいかについて、具体的な実例を挙げつつその心理学的な根拠とともに論じている。

　本書が掲げるのはたくさん書くための抽象的な精神論ではない。むしろ、この上もなく具体的な行動規範を著者は強調する。とくに重要な点は、文章を書くための時間は〝見つける〟ものではなく、スケジュール的に〝割り振る〟という発想の転換である。書く時間をあらかじめ設定し、万難を排してそのスケジュールを死守する書き

手を著者は「スケジュール派（schedule-follower）」と呼ぶ。たくさん書くためにはスケジュール派であれ。たしかにこのスローガンを守ることができる研究者はきっとシアワセになれる。ウソではない。

　日頃よく耳にする「もっと時間があったら…」とか「機が熟してから…」とか「もっと調べてから…」という弁解は、単に自分が書かないことに対する見苦しい言い訳にすぎない。ヒソカに罪の意識に苛（さいな）まれつつ、それでも書くことを先延ばしにしたあげく、締切間際まで追い込まれてからドロナワ夜なべ仕事で書きまくるスタイルを、著者は嘲笑して「一気書き（binge writing）」と呼ぶ。研究者が「一気書き」に逃避するこのような言い訳を、著者がひとつひとつ論破していくようすはまさに大魔神のごとし。

　人生をエンジョイさせてくれない「一気書き」にのたうちまわるくらいだったら、四の五の言い訳せずに規則正しいスケジュールに沿って地道に書き続ける方がはるかに捗るという証拠を著者は呈示する。千字の文も一字からだ。私事であるが、本書に書かれていることをずっと抱え込んでいたある翻訳作業に実際に適用してみたところ、驚異的に原稿仕事がはかどったことを皆さんに報告したい。ある本の翻訳を昨年引き受けたのだが、年末までまったくはかどらず、担当編集者からは匙を投げられた格好になっていた。ところが、本書の原書をたまたま読んで、そこに書かれている「たくさん書く」ためのワザの数々を実際に使ってみたら、驚くなかれ、たった三週間でまる一冊が翻訳できてしまった。本書が店頭に並ぶころには、私の訳したその本も世に出ているだろう。

　信ずる者は救われる。ひたすら書けば救われる。本書を手にする多くの研究者に幸あれかし。　　　　　　　（2015年2月17日寄稿）

目次

まえがき _____ xi

第1章 はじめに _____ 1
- 執筆作業は難しい
- いかにして身につけるか
- 本書のアプローチ
- 本書の構成

第2章 言い訳は禁物 _____ 11
　　──書かないことを正当化しない
- 言い訳その1「書く時間がとれない」
  「まとまった時間さえとれれば、書けるのに」
- 言い訳その2「もう少し分析しないと」
  「もう少し論文を読まないと」
- 言い訳その3「文章をたくさん書くなら、新しいコンピュータが必要だ」
- 言い訳その4「気分がのってくるのを待っている」
  「インスピレーションが湧いたときが一番よいものが書ける」

第3章 動機づけは大切 _____ 33
　　──書こうという気持ちを持ち続ける
- 目標を設定する
- 優先順位をつける
- 進行状況を監視する
- スランプについて

第4章 励ましあうのも大事 _____ 55
　　──書くためのサポートグループをつくろう
- 執筆サポートグループの誕生

第5章 文体について _____ 65
　　──最低限のアドバイス
- 悪文しか書けないわけ
- よい単語を選ぶ
- 力強い文を書く
- 受動的な表現、弱々しい表現、冗長な表現は避ける
- まずは書く、後で直す

第6章 学術論文を書く _____ 95
──原則を守れば必ず書ける
- 研究論文を書くためのヒント
- アウトラインの作成と執筆準備
- タイトル（Title）とアブストラクト（要約、Abstract）
- 序論（イントロダクション、Introduction）
- 方法（Methods）
- 結果（Results）
- 考察（Discussion）
- 総合考察（General Discussion）
- 引用文献（References）
- 原稿を投稿する
- 査読結果を理解し、再投稿する
- 「でも、リジェクトされたらどうすればよいのですか？」
- 「でも、何もかも変えろと言われたらどうすればよいのですか？」
- 共著論文を書く
- レビュー論文を書く

第7章 本を書く _____ 131
──知っておきたいこと
- なぜ本を書くのか
- 簡単なステップ2つと大変なステップ1つで本を書く
- 出版社を見つける
- 細かい作業もたくさん発生する

第8章 おわりに _____ 151
──「まだ書かれていない素敵なことがら」
- スケジュールを立てる楽しみ
- 望みは控えめに、こなす量は多めに
- 執筆は競争ではない
- 人生を楽しもう
- おわりに

執筆のための参考図書 _____ 159
引用文献 _____ 162
訳者あとがき _____ 169
索引 _____ 173
著者紹介 _____ 178

まえがき

　本書は、学術書ではない。研究者の皆さんに気軽に読んでいただくための、個人の書いた実用書である。
　大学教員は、必死に書いている。文章を書くというのは、そもそも難しい作業だというのに、論文も研究助成金の申請もハードルが高くなる一方だ。修士論文や博士論文と格闘中の院生諸君も、喘(あえ)ぎながら文章を書いている。なのに、その彼らに助言する側の教員自身が文章を書くのに四苦八苦しているのが実情だ。多忙をきわめる学期中に執筆時間を確保し、論文に対する批判的コメントや論文のリジェクトに直面しても文章を書こうという気持ちを維持するのは並大抵のことではない。どうやって論文を投稿し、戻ってきた論文を再投稿に向けて書き直すのか、どうやって共著者と一緒に仕事を進めればよいのかといったことについて、教わったことのない人も多い。
　文章の生産性というのは、ある種のスキルで、生まれつきの才能ではないのだと思う。スキルなのだから身につけられる。本書を読めば、どうすれば文章を書く作業を習慣化できるかがわかるはずだ。休暇でも週末でもない平日に、ストレスや負い目を感じることなく効率的に文章を書く方法についても提案したい。データを貯め込んでしまった人にも、執筆にあてる時間を見つけられずに迷っている人にも、もっと楽に文章を書きたい人にも、本書は役に立つと思う。

書くという作業（ライティング）をめぐる議論が大好きで、そうした議論のためなら作業の中断もいとわぬ仲間がいるのは幸運としか言いようがない。執筆者やエディターを対象とした非公式の調査には、多くの皆さんのご協力をいただいたし、草稿段階の本書にも多くのコメントをいただいた。海のものとも山のものともつかぬ計画段階で励ましの言葉をかけてくださった方も多い。Wesley Allan, Janet Boseovski, Peter Delaney, John Dunlosky, Mike Kane, Tom Kwapil, Scott Lawrence, Mark Leary, Cheryl Logan, Stuart Marcovitch, Lili Sahakyan, Mike Serra, Rick Shull, Raymond Silvia（父）, Jackie White, Beate Winterstein, Ed Wisniewski, Larry Wrightsman に感謝したい。まとまりのない草稿を書籍のかたちにまとめることができたのは、ひとえに APA Books の Lansing Hays と Linda McCarter のおかげである。

　スティーヴン・キング（King, 2000）によると、作家の部屋に必要なのは、「扉——そして、その扉を閉じようという意思」だけだそうだ（155 ページ）。本書を、ドアの向こう側にいる最良の友ベアテに捧げる。

第 1 章

はじめに

本書がめざすのは、きちんと思考する無駄のない書き手になることであって、駄文を量産したり、論文数を増やすために良質とは言えない文章を発表したり、歯切れがよい簡潔な学術論文のかわりに回りくどい文章を書くことではない。たいていの心理学者は、文章の執筆量を増やしたいと思っているし、執筆にともなうストレスや不安を減らしたいと感じている。本書は、そういう人に読んでほしい。本書では、ライティングに関して実践的で行動指向のアプローチをとる。つまり、書くことが億劫になるような、不安感や抵抗感やスランプについて論じるわけではないし、何か新しい執筆技術を身につけるという話でもない。文章の生産性に関わる基本スキルなら、読者の皆さんは、もうお持ちだろう。ただ、訓練次第でそうしたスキルは上達する。本書は、内に秘められた何かを解き放つための本でもない。「もの書き魂」は、胸の奥深くしまっておいてほしい。

　本書では、目に見える作業について扱おうと思う。ライティングの生産性に関わってくるのは、計画を立て、短期目標をはっきりさせ、進捗状況を把握し、書く習慣をつけ、自分へのご褒美も忘れないといった、やれば簡単にできるのにやっていないことがらの方だろう。生産性の高い書き手というのは、何か特別な才能や性質を持っているわけではない。より多くの時間を、より効率的に使っているというだけのことだ（Keyes, 2003）。行動を変えても、文章を書くことが楽しくなるとは限らない。でも、文章を書くのが簡単になるし、負担感も減ってくる。

第 1 章　はじめに

執筆作業は難しい

　研究をしているときは、研究を楽しんでいるのだと思う。研究というのは、なかなかおもしろい。アイデアについて話し合ったり、そのアイデアを試す方法を探したりするのは、知的満足の得られる作業だし、データの収集も、特に人が自分のためにデータを集めてくれるなら、こんな心地よい作業はない。データの解析にも、研究や調査がうまくいったかどうかを確かめる楽しみがある。でも、研究について書く作業は、快感とは言いがたい。ストレスは溜まるし、混み入っているし、お世辞にも楽しいとは言いがたい。

　ウィリアム・ジンサーは、「書くというのは難しい作業なのだから」しょうがないと喝破した（Zinsser, 2001, 12 ページ）。投稿論文を書くためには、科学的思考の複雑な道筋や、方法論のあれこれや、統計分析の結果を、きっちり原稿にまとめねばならない。しかし、この作業が難しい。しかも、論文というのは、査読の過程でほこりまみれの絨毯のように叩かれまくるわけで、文章を書くのが億劫になるのも無理はない。

　データというのは、集める方が、それについての論文を書くよりずっと楽だったりする。というわけで、大学教員の多くは、お蔵入りした研究を抱えている。「そのうち発表する」というよりは、「いつの日か発表できれば」という方が実情に近いかもしれない。論文執筆がはかどらぬからこそ、教員は、3 連休、春休みや夏休み、長期休暇などに恋い焦がれることになる。しかし、3 連休の週末を終えた平日ともなれば、せっかくの週末に

いかに筆が進まなかったかを嘆くのが常だ。大所帯の学科なら、夏休みが終わった次の週には、そこらじゅうから、嘆き節が聞こえてくるはずだ。恋慕と悔恨の悲しいサイクルは、次のまとまった時間を求めて繰り返される。心理学者にとっての「まとまった時間」は、たいてい、週末、夕方、休暇といった所だろう。執筆作業が、友人や家族と過ごしたり、煮込み料理をこしらえたり、犬にサンタクロースの帽子を編んでやったりという余暇の貴重な活動にあてられるべき時間を奪うのである。

悪いことに、執筆をめぐる基準は、かつてなく高いものとなっている。心理学者が投稿する論文数や雑誌数はうなぎ上りだし、減る一方の研究助成金をめざす研究者の数も増えるばかりだ。学部長や学科長からも、論文数を期待される。古き良き時代の陽気な大学運営陣は、教員が研究助成金を申請すると喜んでくれたものだが、今どきの陰気な運営陣は、新しい教員は研究助成金を申請して当然だと思っている。学科によっては、教員が研究助成金を受け取ることを、テニュアのポジションを得たり、昇進したりする際の条件にしている所さえある。研究志向の大学では、論文数の少ないことが、テニュアになれなかったり昇進できなかったりする理由になっているし、小規模教育志向の大学でさえ、学術論文執筆圧力が高まっている。心理学のキャリアをアカデミズムの現場で開始するには難しい時代になっているということだ。

いかにして身につけるか

書くというのは、スキルの問題で、生まれつきの技能や特別

第1章 はじめに

な才能ではない。他の専門スキルもそうだが、書くためのスキルは、体系的な指導や練習で伸ばしていくべきもので、まずは、ルールや戦略を身につけてから、実戦に使うべきだろう (Ericsson, Krampe, & Tesch-Romer, 1993)。心理学では、じっくり練習することでスキルが培われることがわかってきているのに、この知識を、書く訓練には応用してこなかった。書くことがどのように教えられているかを、他の専門スキルの場合と比べてみてほしい。教えるというのは難しいので、我々は、院生に、どうやって教えるかを教えている。通常、院生は、「心理学を教える」ためのセミナーを受講し、ティーチング・アシスタントを経験することによって、教える作業を練習する。多くの院生が、学期ごとにティーチング・アシスタントを務めながら、経験を積んだ大学教員に育っていく。統計学や研究方法論に関してはこれでは難しいので、院生には、こうしたテーマの上級クラスを何学期間か受講させて、エキスパートから直接学ばせている。何学期間も受講した結果、方法論についての優れた研究者になる院生もいる。

では、書く作業について、院生はどう訓練されているのだろう。もっとも一般的なモデルは、院生というのは放っておいても指導者から書く作業を学ぶというものだ。しかし、その指導者自身、書く時間がないと愚痴をこぼし、春休みや夏休みを待ち望んでいたりするのが実態かもしれない。師匠ができないことを弟子にできるようになれというのは、土台無理な話だ。でも、これは教員のせいではない。教員自身、指導対象の学生と同じく、執筆スキルを独学で身につけてきているケースが大半だからだ。もっとも、学科によっては、専門スキルを教える一環と

して、執筆スキルも教えている。こうした実践は貴重ではあるものの、申請書類の書き方や、文章のスタイルを中心に扱うこととなり、執筆作業をめぐるモチベーション部分での葛藤は無視されたままだ。大学院を出てしまえば、書きかけの原稿をしつこく催促してくれる指導者はもういない。自力でプロジェクトを始動し、完成させるスキルが身についていないと困る。次世代に自分の世代以上の書き手たらんことを期待しているというのに、その水準に見合った訓練を行えないというのは、悲しむべき事態だと思う。

本書のアプローチ

　学術的文章の執筆は、不出来なドラマにも似ている。大学教員が書きかけの原稿に胸を痛め、投稿論文の無慈悲なリジェクトを愚痴り、締め切り前日になって助成金の申請書と格闘し、夏期休暇の優雅な執筆に思いを馳せ、新学期がはじまると書く時間がないと呪う。心理学は、ただでさえ十分ドラマチックなのだから、こんなドラマはいらない。今挙げた例は、どれも悪しき事例だと言える。学術的文章の執筆作業は、もっと普通で、退屈で、ありふれた作業であってよい。書くという作業をめぐって、こうした日常感覚を養うために、本書では、書くということの「神髄」や、これよりは宗教色の薄い「精神」はもちろん、「本質」についても一切触れない。書くということの神髄について語れるのは詩人だけだろう。この本の読者の皆さんには、詩人ではなく普通の人としての文章を書いてほしい。心理学者然

第1章　はじめに

とした文章は、むろん禁物だ。本書では、「抵抗感」や「忌避感（きひかん）」といった不安をめぐる感情についても言及しない。そういう問題に関してなら、近くの本屋さんの自己啓発本のコーナーに行った方がよい。本書では、書く作業を、一連の具体的な行動、たとえば、(a) 椅子、ベンチ、洋式トイレ、芝生などに腰掛けたり、(b) キーボードを叩いて、次々段落を仕上げたりといった行動の連なりだと見なす。こうした行動なら、工夫次第で簡単に身につけることができるはずだ。他の人たちには、書くのを先延ばしにしたり、空想にふけったり、愚痴をこぼしたりしていてもらってかまわない。でも、本書の読者の皆さんには、椅子に座って執筆作業と格闘してもらいたい。

　本書を読む際には、書くという作業が、競争でもゲームでもないことも心得ておいてほしい。どれだけたくさんの量を書いてもよいし、少ししか書かなくてもよい。自分が書きたいと思うよりたくさん書かねばならないなどと思いこまないこと。文章を発表するという目的のためだけに、浮ついた無意味な内容を公表しないこと。著作数や論文数の多い心理学者が、すばらしい発想の心理学者だと勘違いしないこと。心理学者は、さまざまな理由で論文を公表するけれども、一番の理由は科学の世界でコミュニケーションをはかることにある。論文や書籍を出すというのは、科学というプロセスの当然かつ必須の目標だろう。科学者というのは、書かれた文字を通してコミュニケーションを行うのであって、公表された論文の集積こそが、心理学の知──人という存在がどのようなもので、彼らの行為がなぜ行われているのかといったことをめぐる知──の実体である。心理学者の多くは、自分が書き手としては十全ではないと感じ、

もっとたくさん書きたい、もっと楽に書きたいと感じているのではないだろうか。本書は、そうした方たちのための本である。

本書の構成

　本書からは、「文章をたくさん書く」ということをめぐって、自分なりの実践的イメージが得られると思う。第2章では、書かない言い訳にされがちな困った理由の数々について分析する。もっともらしい言い訳が、文章の執筆量とは無関係なことを示すことで、こうした言い訳を退治したい。また、執筆スケジュールを立てることで、執筆時間を確保する方策についても紹介する。第3章では、執筆スケジュールを守ろうという気力を保つための道具立てを提供する。的確な目標設定、優先順位をつけたうえでの複数のプロジェクトの進行管理、執筆進行状況の管理といった方法を身につけられるはずだ。せっかく身につけた習慣を定着させるために、仲間と一緒に書くためのグループ活動を始動させよう。第4章では、書くための「サポートグループ」、つまり文章を楽しみながらとどこおりなく書き進める習慣を身につけるための執筆サポートグループの立ち上げ方について説明する。第5章では、よい文章を書く方策について説明する。きちんと書かれた論文や研究助成金申請書は、山と積まれた凡庸な論文や申請書の中で引き立って見える。ならば、極力きちんとした文章を書くよう努力すべきだろう。

　第6章と第7章では、文章をたくさん書くための原則を、実際に運用してみる。第6章では、心理学分野の論文投稿につい

第 1 章　はじめに

て扱い、実践的な考え方を実況中継風に紹介したい。論文を読むのがあまり好きではなくても、論文は必ず書かねばならない。論文をたくさん書いてきた人たちから教わった論文の書き方や、メジャーな雑誌のエディターたちが語ってくれた論文に期待する内容などについて紹介する。この第6章では、論文を発表する過程で日常的に遭遇することがら、たとえば、エディターに論文を送る際などに使うレター（カバーレター）の書き方や、共著者との作業の進め方などについての疑問にも答えたい。第7章では、専門書の書き方について説明する。本をどうしても執筆したいという人たちが利用できる参考資料が、心理学分野にはほとんどないからだ。また、書籍をどう書くかについて僕個人の考えを述べた後、出版社と一緒に作業を進める方法についても説明する。第8章では、励ましの言葉とともに、本書を締めくくる。

第 2 章

言い訳は禁物

書かないことを正当化しない

書くというのは気の滅入る作業だ。下水管の修理や、霊安室の運営にもかなり似ていると思う。自分で死者の装いを整えた経験はないが、遺体の防腐処置と比べても、防腐処置についての文章を書くというのは、さらに気が滅入る作業のような気がする。

　執筆作業というのは難しい。執筆を避けたがる人が大勢いるのも無理はない。読者の皆さんは、本を読んでいる最中に「邪魔」が入ったときの気持ちがよくおわかりだろう。大学教員や大学院生と執筆作業の話をすると、必ず「邪魔」の話になる。もっと書きたいのに、あれこれ「邪魔」が入ると言うのだが、僕はそういうのは「言い訳」だと思う。そうした理由は、一見もっともに見える。でも、よく考えると、ちっとも「もっとも」なんかではないのだ。本章では、文章をたくさん書くうえで障壁となる「言い訳」のいくつかについて検討し、簡単な克服法も紹介する。

言い訳その1

「書く時間がとれない」
「まとまった時間さえとれれば、書けるのに」

　この言い訳は、もう表彰に値する。この言い訳を使ったことがない人はまずいない。この言い訳が体の一部になってしまった困った研究者も多い。でも、「時間さえあれば書ける」というのは、「人間は実は脳の1割しか使っていない」というのと同

第 2 章　言い訳は禁物

様、ただの迷信だと思う。そしてたいがいの迷信がそうであるように、こういう言い訳が蔓延（まんえん）するのは、それが心地がよいからだろう。「自分は逆境にいる。せめてもう少しまとまった時間がとれれば、文章くらいいくらでも書ける」と信じられれば、たしかに不安は解消される。執筆時間をなかなかとれない悩みを抱えた仲間同士、互いに理解しあえる。傷を舐めあいつつフラストレーションを貯め込むというのも案外落ち着くものだ。

　でもどうして、こんな言い訳がまかり通ってしまうのだろう。その鍵は、案外、書く時間を「とる」とか「見つける」といった言い方にあるのかもしれない。僕には、この言い訳を耳にするたびに思い浮かべるシーンがある。野生動物の専門家が、スケジュールという林の中を、「ブンショウ・シッピツジカン」という、とてつもなく神出鬼没で、とてつもなく寡黙な生き物を求めてさまよっているシーンだ。これが、執筆のための時間でなく、授業の時間だったらどうだろう。授業の時間も、わざわざ「確保」したり「見つけ」たりする必要があるだろうか。むろんそんなことはない。時間割というものがあるから、授業をしないわけにはいかない。つまり、「ブンショウ・シッピツジカン」が週間予定表という林のどこかに潜んでいるかもしれないと考える限り、一定量以上の文章を書くことなど到底無理ということだ。ましてや、春休みや夏休みになって執筆に集中できる時間が十分確保できるまで書けないと考えているのであれば、まとまった量の文章を書くことなど未来永劫（みらいえいごう）にわたってできるわけがない。「書く時間を見つける」というのは、文章執筆について考えるうえで百害あって一利なしだ。二度と口にしないこと。

　書く時間は、その都度「見つける」のではなく、あらかじめ「割りふって」おこう。文章を量産する人たちは、スケジュールを立て、きちんと守っている。それだけの話だ。今すぐ、自分の望む執筆スケジュールについて考えてみよう。毎週、この時間帯ならたいていは予定が入っていないというような時間帯があるはずだ。火曜と木曜に授業があるなら、月曜と水曜の午前中を執筆にあてるのがよいかもしれない。午後や夜の方が馬力が出るなら、もっと遅い時間帯にした方がよいだろう。執筆に適した時間帯は、それぞれの活動内容に応じて違ってよい。大事なのは、執筆日数や時間数ではなく、規則性の方だ。週に１日でも、月曜から金曜までの平日５日間全部でもよい。執筆時間を規則的に確保して、手帳に書き込み、その時間帯にはきちんと書くこと。最初は、週４時間で十分。執筆量がぐっと増えたことを確認したら、そのときに執筆時間を増やせばよい。

第 2 章 言い訳は禁物

　執筆スケジュールの話をすると、逆に、僕のスケジュールについて尋ねられることも多い（僕のことを問いつめれば、「スケジュールを守るのは、実はそう簡単じゃないんだ」と白状すると思っている人もいるようだ）。僕の場合、月曜から金曜までの朝8時から10時までを執筆にあてている。朝起きてコーヒーをいれ、机に向かう。気が散るのでメールはチェックしない。シャワーもなし、着替えもなし。ともかく、朝起きたらそのまま机に向かって書き始める。書き始める時刻や書き終える時刻は多少ずれるかもしれないが、ともかく、平日の朝2時間くらいは書く。僕は朝型ではない。でも、朝の時間帯の作業というのは、執筆向きだと思う。執筆作業をある程度すませておいてから、メールをチェックしたり、オフィスに立ちよる学生や同僚と会ったりできる。

　たいていの人は、気の向いたときに一気に執筆する「一気書き」（binge writing）という無駄で非生産的な方法をとる（Kellogg, 1994）。書くのを先延ばしにして不安にかられ、ようやくやってきた土曜を執筆だけに費やしたりする。それでも、文章はある程度書ける。焦燥感も解消される。けれども、「一気書き」のサイクルはそのまま次週に持ち越される。「一気書き」派が、執筆が進んでいないことで焦燥感や不安にかられている時間は、スケジュール派が実際に文章を執筆している時間より長い。スケジュール通りに執筆していれば、書けていないことに思い悩む必要はない。書く時間を見つけられないと愚痴る必要もないし、夏休みになったらどれほどの文章を書けるだろうと夢想する必要もなくなる。ということで、決めた時間に文章を書いて、文章のことなどさっさと忘れてしまおう。そう、心配すべきこ

となら、もっと他にいくらでもある――コーヒーを飲みすぎていないだろうか、犬が裏庭のきたない池の水を飲んでいないだろうか…、とか。でも、いつ文章を書けばよいのかについては心配しなくてよい。そう、明日の朝8時には、机に向かって執筆にとりかかっているだろう。

　「一気書き」派の面々は、執筆生産性の低さに話が及ぶと、自分のダメな性格に言及することが多いようだ。いわく、「自分は、スケジュールを立てたり、守ったりするようながらじゃない」。むろん、こういう議論に意味はない。人間というのは、変化を拒むときには、自分の気質のせいにしたがるものだ（Jellison, 1993）。「スケジュールなんてがらじゃない」と言う人ほど、別の場面ではスケジュールを完璧に守って、常に同じ時間に授業をし、就寝し、好きなテレビ番組を見たりしているものだ。雨が降ろうが、雪が降ろうが、毎日同じ時間にジョギングしているのに、毎日の執筆スケジュールを守る気力はないと言う人に会ったこともある。スケジュールを立てる前にあきらめないというのが、文章を生産的に書くうえでの最大の秘訣だと思う。スケジュールを立てるつもりがないなら、本書をそっと閉じ、真新しく見えるようにきれいに整えてから、本書を友人――もっと書けるようになりたいと思っている友人――にプレゼントしてほしい。

　自分の執筆時間は、断固として死守せねばならない。執筆時間は、すでに「割りふり済み」なのである。これから執筆時間を見つけようというのではない。この時間帯は執筆すると決めたということだ。同僚や学生や院生の指導教員と会う時間でも、レポートを採点したり授業プランを練ったりする時間でもない。

第 2 章　言い訳は禁物

むろん、メールを確認したり、新聞を読んだり、天気予報を見たりするための時間でもない。ウェブとの接続は切り、電話は留守録にし、部屋の扉も閉めておくこと。

　前もって忠告しておく。あなたが自分の執筆時間をどう確保しようが、他の人にとって、そんなのはどうでもよいことだ。執筆時間帯に設定された会議への出席を断ったとしても、その理由は、善意の第三者には、まず理解してもらえない。なんとかしろと言われ、意固地だと批判され、会議に出ない何か別の理由があるのだろうと勘ぐられる。僕の場合で言えば、大学院生というのは自分たちの都合のよい朝9時からの時間帯に委員会の会議を設定したがる。でも、この時間帯は僕の執筆時間帯だ。同様に、ある運営委員会のメンバーだったときに、グループ全員が集まれる時間帯が、自分の執筆時間と重なっていたこともある。

　どうすれば、善意の第三者に対処できるのだろう。ここは、薬物撲滅キャンペーンのスローガンにならって、「きっぱりノー」と言うしかない。スローガン通りにことが運ぶわけではないにせよ、執筆時間はとりあえず守られる。この「ノー」には、きちんとした理由がある。

　第一に、その理由を正面から拒むのは、文章を書いていない人だけだ。きちんとした書き手で、僕が執筆時間を大事にすることを尊重してくれなかった人に出会ったことはない。先方が都合のよい時間に僕が出られないことを不快に思うことはあるだろう。でも、スケジュールを守る以外、まとまった文章を書く手立てがないことは理解してもらえるはずだ（彼らは、自分の執筆時間に僕と会うことも断る）。文句や不平を言うのは、書

き手としては生産性の低い人たちだ。そういう人たちの悪しき習慣に巻き込まれないこと。

　第二に、執筆時間に土足で踏み込んでくる人たちも、授業のような教える時間、家族と過ごす時間、睡眠時間を犠牲にしろとは言わない。つまり、彼らが執筆時間を重要視していないだけのことだ。心理学を専門とするということは、プロの大学教員であるのと同様、プロの書き手でもあるということだ。スケジュールに組み込んだ「執筆時間」は、スケジュールに組み込んだ「教える時間」と同様に扱うこと。善意の第三者には、「ノー」と答え、なぜ執筆時間帯という大切な習慣を崩せないのか（崩さないのかではなく、崩すことができないのか）について説明するべきだと思う。「ノー」がためらわれるなら、ウソも方便かもしれない。それがためらわれるなら、大学院で身につけた故意の曖昧表現を使うのもやむを得ない。「相次ぐ困難な義務」や「余儀なく引き受けた一時的処遇」といったたぐいのことである。

　執筆予定時間帯には必ず書こう。でも、これは、この時間帯にだけ書くという意味ではない。予定時間終了後にそのまま書き続けたり、書かないはずの日に書いたりするのは大いに結構なことだし、僕は、「ボーナス書き」と呼んでいる。習慣という偉大な力さえ味方にできれば、机に向かって文章を書くのは楽になるはずだ。でも、ボーナス書きのせいで執筆スケジュールを台無しにしては元も子もない。春休みにどれだけ書いてもかまわないが、決めた執筆時間は守るべきだ。「週末にたくさん書いたから、月曜は書かなくてよい」と考えるなら、この本は役に立たない。本を閉じよう。もう開かなくてよい。

ひょっとすると、スケジュールという発想そのものに驚く人もいるのかもしれない。「えっ、それだけでいいの」「たくさん書くには、もっと別の方法があるんじゃないの」と尋ねたくなるかもしれないということだ。でも、それでよい。スケジュールを立て、スケジュールを守る。文章をたくさん書くにはそれしかない。ラルフ・キイスは、彼自身もプロの書き手だが、成功した書き手の仕事の流儀について幅広い検討を行った（Keys, 2003）。そのキイスいわく、「来る日も来る日も机に向かう。筆が進むというのはそういうことだ」（49 ページ）。週に 4 時間を執筆作業にあてれば、自分でも驚くほど筆が進むはずだ。「驚くほど」というより、「仰天するほど」「啞然とするほど」と言った方がよいだろうか。それだけで、助成金の申請書を早めに書き終えられる。以前とは大違いだ。論文の修正や再投稿の作業も、1 週間以内にすませられるだろう。「もう、自分たちの仲間ではない」と思われるのが怖くて、学科の友人たちと執筆の話がしづらくなってくる。そう、君は変わったのだ。

言い訳その 2

「もう少し分析しないと」
「もう少し論文を読まないと」

この言い訳は、ひょっとすると、もっともたちが悪い言い訳かもしれず、数限りない大惨事を引き起こしてきた。

とりあえず、もっともらしく聞こえるのが、この言い訳の

困った所だ。「そうは言っても、学術論文を書くには、統計処理を行わないとならないし、論文だってたくさん読まないといけない」。はい、ごもっとも。呪文のようにこの言い訳を唱え続ける書けない研究者にも、何度か会ったことがある。最初のうちは、同僚たちにも、完璧主義者やデータ解析の潔癖主義者だと信じて尊敬してもらえる。しかし、こうした人々が論文を量産することはないし、そもそもデータを解析することすらない。一気に書こうとする書き手は、読むのも一気に読もうとするし、統計解析も一気に行おうとする。執筆ができない原因たる悪しき習慣は、執筆準備作業が遅々として進まぬ原因でもある（Kellogg, 1994）。書くうえで必要なリーディング、アウトラインの作成、アイデアの整理、データの解析なども、すべて遅れるわけだ。他の言い訳同様、この言い訳も穴だらけだ。

　このぼろぼろの言い訳から脱却するのは簡単だ。執筆に必要な作業は、作業の種類を問わず、執筆時間中に行うこと。統計にもう少し手を入れる必要があるなら、執筆時間中にどうぞ。論文をいくつか読むのも、執筆時間中にどうぞ。校正刷をチェックするのも、執筆時間中にどうぞ。執筆に関する書籍を読んでアドバイスを得るのも、もちろん執筆時間中にどうぞ。書くというのは、文字を入力するだけではない。書くというプロジェクトを遂行するうえで必要な作業は、すべて執筆作業だと考えてよい。たとえば、学術論文を書く場合には、僕は、何回分かの執筆時間を、データの解析作業に使う。執筆時間を丸ごと使って、雑誌の投稿規定を見直したり、図や表を作成したり、校正刷をチェックしたりといった裏方作業を行うこともしょっちゅうだ。

こうしたことも、文章をたくさん書くには執筆時間をあらかじめ確保するしかない理由なのだと思う。プロの執筆作業というのは、たくさんの作業の積み重ねだ。広範囲の文献をレビューするのも、注意深く解析するのも、研究方法について言葉を選びながら詳細に記述するのも、どれも執筆作業の一部だと言える。書く時間を「見つける」ことのできない人が、必要な文献をすべて入手し、読む時間を「見つける」ことができるはずはない。予定した執筆時間をこうした作業にも使うこと。作業の予定が決まっていれば、論文を読んだり、解析したりする時間を「見つける」ストレスを感じなくてすむはずだ。

言い訳その３

「文章をたくさん書くなら、新しいコンピュータが必要だ」（「レーザープリンター」「よい椅子」「もう少しよい机」版もあり）

　数ある言い訳のなかでも、一番破れかぶれなのがこの言い訳だ。そもそも、本気でそう思っているのかどうかすら疑わしい。他の言い訳とは違って、これは、ただの言い逃れだろう。反論としては、とりあえず、僕の体験を持ち出すだけで十分なはずだ。
　大学院時代に仕事として文章を書き始めたとき、友だちの友だちからコンピュータを譲ってもらったのだが、1996年当時でも、このコンピュータは時代遅れもいいところだった。マウスもなければ、Windowsも非搭載。さすがにキーボードはついて

いたが、搭載されていたのはDOS用のワードパーフェクト5.0だけという状態。このコンピュータが、ファイルの一部を道連れに逝ってしまってからは、ポータブル・コンピュータを購入して使い倒し、今、本書は、10年近く前に購入した東芝のノートパソコンで書いている。遅くて、不安定で、コンピュータに年齢があるとすれば、年金暮らしに入って久しいようなシロモノだ。

　ちなみに、僕が文章を書くときにメインに使っていた椅子は、8年近く、金属製の折りたたみ椅子だった。この椅子の退場後は、おしゃれではあるけれども、同じくらい硬いイームズのFRP製の椅子。この椅子はシンプルなデザインで、クッションもなく、高さや傾きの調節もできない。一応ということで、図2.1に本書の執筆環境を示しておくが、大型のシンプルなデスク（引き出し、キーボードトレイ、ファイル格納システムなどはない）、レーザープリンター、コーヒー用のコースターくらいだろうか。このブルー・ドット・デスクに大枚をはたく前は、10ドルのパーティクルボード製折りたたみデスクに、あまりにみすぼらしいので4ドルのテーブルクロスをかけて使っていた。最初の単著（Silvia, 2006）のほとんどと、論文20本くらいを、この折りたたみデスクで、折りたたみ椅子に座って書いたことになる。

　執筆できない人は、「自分専用の執筆スペース」がないと嘆くことが多い。こういうみっともない言い逃れには同情できない。職場でもプライベートでも、僕は執筆用の部屋というのを持ったことはない。集合住宅や一軒家を転々としてくるなかで、居間や、寝室や、客用寝室や、主寝室の小さなテーブルや、短時

第 2 章　言い訳は禁物

図 2.1　本書はここで執筆した。

間なら浴室でも書いてきたし、この本は、うちの客用寝室で書いた。書籍や論文をそれなりに書いてきて、自宅を購入した今も、家に書斎はない。というか、僕には、書斎がそもそも要らない。誰も使っていない浴室ならいつでも空いている[*1]。

　気分がのったときだけ一気に書こうとする面々が、執筆できない言い訳に、プリンターを持ち出すのも聞き飽きた。「レーザープリンターさえ家にあれば」と彼らは切々と訴える。論文は、お札を印刷するのとはわけが違うことに、どうやら気づかないようだ。論文の場合、机に向かって書いた結果しか印刷できない。僕もレーザープリンターの世話になりっぱなしではあ

　　[*1]　アメリカの住宅には、通常、浴室が複数ある。

る。書くのが仕事なら、よいレーザープリンターを持っていてしかるべきだとも思う。でも、レーザープリンターは、必須というわけではない。T・シェリー・デュヴァルと一緒に最初の本を書いたときには（Duval & Silvia, 2001）、僕のプリンターは、石器時代のインクジェットプリンターだったし、デュヴァルに至ってはプリンターを持っていなかった。インクジェットプリンターで本1冊分を印刷するというのは、当時、えらく時間がかかった。デュヴァルと僕は、黒のインクを切らした後、青緑や栗色のインクで印刷するはめになった。

執筆ができない人には、自宅ではウェブに満足にアクセスできないと嘆く人たちもいる。そういうとき、僕は逆に、その健全な状態をたたえることにしている。図 2.1 をよく見てほしい。僕のコンピュータも、ウェブにつながってはいない。僕の妻は自分の書斎からウェブに接続できるようにしている。でも、僕は、そうはしていない。気が散るからだ。執筆時間は、書くための時間だ。メールをチェックしたり、ニュースを読んだり、雑誌の最新号をパラパラめくる時間ではない。書いている間に学術論文をダウンロードしておけたらいいと思うこともないわけではない。でも、それはオフィスでもできる。最良の自己管理とは、自己管理が必要になるような状況を避けることだと思う。

ウィリアム・サローヤンは言った。「書くのに必要なのは、紙と鉛筆だけだ」（Saroyan, 1952, 42 ページ）。文章をたくさん書くのに道具が役に立つわけではない。スケジュールを立て、立てたスケジュールを守る以外、手立てはないということだ。僕の言うことが信じられないなら、家具デザイン界の伝説的デザイナーであるビル・スタンプのインタビューはどうだろう。ス

第 2 章　言い訳は禁物

タンプは、高級オフィス家具を牽引するハーマンミラー社の製品デザイン担当で、あのアーロンチェアを共同設計した人物として有名だ。でも、自分でも本を書くスタンプ（Stumpf, 2000）は、家具が家具にすぎないことも熟知している。「家具と生産性に直接相関があるかといえば、僕には自信がない」とスタンプは語る。「でも、僕がそんなふうに言うのを、ハーマンミラー社は聞きたくないだろうという点には自信がある」（Grawe, 2005, 77 ページ）[*2]。

言い訳その 4

「気分がのってくるのを待っている」
「インスピレーションが湧いたときが一番よいものが書ける」

この最後の言い訳が、一番滑稽で、理屈が通らない言い訳だと思う。ありとあらゆる理解不能な理由ゆえに執筆スケジュールを立てたくない人たちからよく耳にするのが、この言い訳だ。「内からあふれてくるものがあるときに、一番よいものが書ける」「気がのらないときに執筆しようとしてもしょうがない。書く気にならないと」と彼らは言う。現に執筆できていない人が

[*2] ハーマンミラー社は「デザインとは人々のために問題を解決するための方法」であるとのモットーを掲げてきた。ちなみに、著者の椅子（23 ページ図 2.1 参照）も同社の製品（イームズチェア）である。

これを言うのは、なんとも妙な話だ。喫煙常習者が、煙草を擁護して、煙草を吸うとリラックスできるというのにも似ているかもしれない。実際には、ニコチンが切れると、緊張感が増すことが知られている（Parrott, 1999）。執筆できなくて困っている人がスケジュールへの嫌悪感を吐露するというのは、要するに、執筆ができない原因に固執しているということだ。書きたいと思ったときにのみ書くべきだと考えるなら、まず、以下の点について自問してみるというのはどうだろう。「これまで、その方法で執筆できてきたか」「自分が執筆している量に満足しているか」「執筆時間を捻出したり、やりかけのプロジェクトを完成させたりするのにストレスを感じていないか」「夕方や週末の時間帯を執筆の犠牲にしていないか」。

　この言い訳を撃破するのは簡単だろう。インスピレーションが湧くのを待っているのではうまくいかないことは、研究で実証ずみだ。ボイス（Boice, 1990, 79–81 ページ）は、インスピレーションを待望する「一気書き」派の面々にとっても大いに意味のある研究を行った。ボイスが実験参加者として集めたのは、書けなくて困っている大学教員。その実験参加者を、ボイスは、執筆条件の異なるグループにランダムに割りふった。最初のグループでは、書くことを制限し、緊急性のない執筆を行うことを一切禁じた。2つめのグループは、50回分の執筆時間帯のスケジュールを組んだうえで、気の向いたときだけ書くことにした。3つめのグループの場合、50回分の執筆時間帯のスケジュールを組んだうえで、執筆を欠かすとペナルティ（嫌いな機関への寄付というペナルティ）が課されることとした。そして、それぞれのケースで、1日あたりの執筆ページ数と、独

創的なアイデアが浮かぶ間隔を記録した。ボイスの実験結果を、図 2.2 に示す。

　まず、執筆を欠かすとペナルティが課される条件に置かれた実験参加者は、執筆量が多かった。気が向いたときに執筆するグループの実験参加者の 3.5 倍、緊急性のある執筆以外認められなかったグループの実験参加者の実に 16 倍のページ数を書いたのである。つまり、気が向いたときに執筆するグループの実験参加者の執筆量は、緊急性のある執筆以外認められなかったグループの実験参加者と比べてさほど多くなかったと言える。インスピレーションという存在が、過大評価されているということだ。

　第二に、書くことを強制すると、独創的な執筆アイデアもどんどん浮かんでくるようになった。独創的なアイデアが思い浮かぶ間隔は、執筆を強制された実験参加者の場合はわずか 1 日、気が向いたときに書く場合は 2 日、緊急性のある執筆以外認められなかった場合は 5 日だった。書く作業自体が、書くための優れたアイデアを育むのである。

　誰も書きたくないような、気の滅入るタイプの執筆作業というのもある。助成金の申請書に熱意を燃やせる人というのは、いったいどんなタイプの人なのだろう？　朝起きたとたんに、「具体的研究目標」や「契約協定」に気合いを入れて取り組める人というのは、いるのだろうか？　助成金の申請書を書く作業は、税務処理と似ている。違うのは、税理士や会計士に業務を委託できないことかもしれない。『Department of Health and Human Services Grants. gov Application Guide SF424（R&R）（保健福祉省研究助成金出願ガイド SF424（R&R））』を読むのが大好き

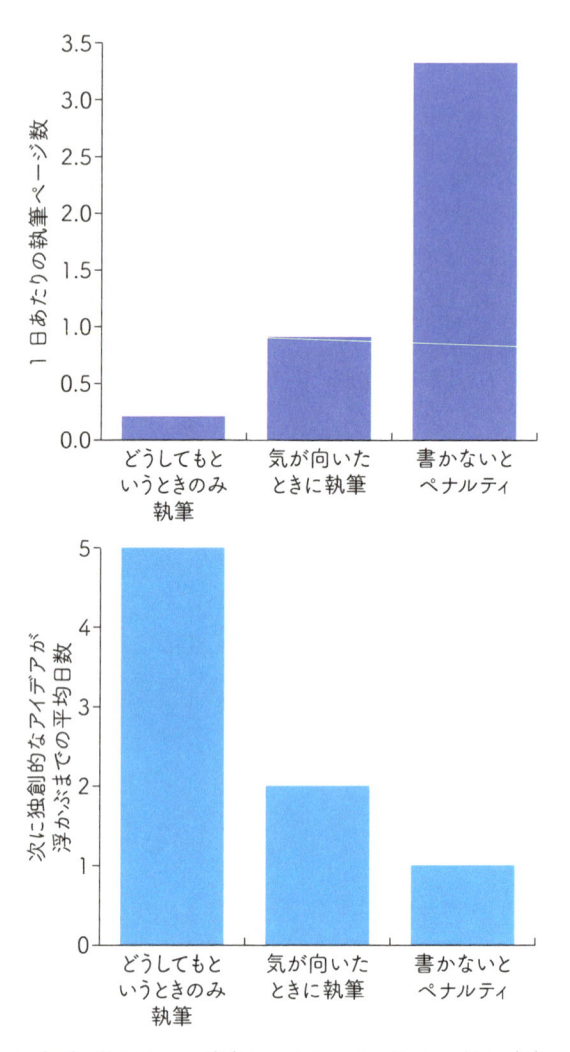

図 2.2　各種執筆条件での (a) 1日あたりの執筆ページ数、(b) 独創的な執筆アイデアが浮かんだ間隔（平均日数）。データの出典は Boice（1990, 80 ページ）。

第 2 章　言い訳は禁物

なような人は、本書を読む必要はない。でも、そういう特別な何かを持ち合わせていない場合、「気が向く」だけで申請書を書き終えるのは無理だろう。

　インスピレーションの降臨を待っているばかりに文章を書き始められずにいる人は、ふんぞり返っていないで、アカデミズムのリアルな書き手たちと一緒に坦々と仕事をすること。古代ギリシアでは、詩や音楽や悲劇にはそれぞれ神々が割りふられたわけだが、アメリカ心理学会（APA）スタイルで書かれた学術論文に割りふられた神はいない。アカデミズムというのは、高尚な文学を創造しているわけではない。何人ものファンが、最近の『人格社会心理学会会報（Personality and Social Psychology Bulletin）』にサインをもらおうと、学会会場となったホテルの外で隠れて待っているなどということはない。僕らの仕事は、テクニカルで専門的な内容を書くことだ。たしかに、アカデミズムでも、教科書や、たぶん本書のように、もう少し緩やかな執筆作業もある。でも、そうした書籍のミッションも、煎じ詰めれば、実用的な情報を読者に届けることにある。僕らの書く文章に意味があるのは、実地で役に立ち、明瞭で、考えがきちんと展開されているからだ。

　偉大な小説家や詩人は、インスピレーションが湧くのを待って書いているはずだと思われがちだ。だが、ラルフ・キイス（Keyes, 2003）が示すように、小説家や詩人自身が、そうした考えを拒絶している。多作で知られるアンソニー・トロロープ（Trollope, 1883, 1999）は語る。

想像力を駆使して仕事をする者は、インスピレーションに突き動かされるまで待ってから仕事に着手すべきだと考える人たちもいるようだ。この説教を聞かされたとき、私は、侮蔑(ぶべつ)の情を抑えかねた。私からすれば、そんなのは、靴職人がインスピレーションが湧くのを待ったり、蝋燭(ろうそく)職人が聖なる融解の瞬間を待ったりするようなものだ。…（中略）…本を書くのに確実に役立つのは、椅子に塗られた蝋だと教わったことがある[*3]。私は、もちろん、インスピレーションより、蝋の方を信じている（121ページ）。

では、こうした偉大な書き手は、どうやって書くのだろう。思うに、成功したプロの書き手は、執筆するのが小説であれ、ノンフィクションであれ、詩であれ、脚本であれ、基本的に毎日決まった時間帯に書いているからこそ多作なのである。気が向かない限り書けないという発想を、彼らは拒絶しているということだ。キイス（Keyes, 2003）が述べるように、「書き手が本気なら、感興が湧こうが、湧くまいが書く。彼らは、どこかの時点で、インスピレーションでなくルーチンこそが良き友であることを発見するのだ」(49ページ)。彼らも、スケジュールを立て、遵守していると言えるだろう。

[*3] 椅子に塗られた蝋は、溶けるとべたついて立ち上がれなくなる。

第 2 章 言い訳は禁物

結　論

　本章では、これまで書かないことの言い訳にされてきたことがらのいくつかを批判的かつ冷静に検討した。こうした心地よい言い訳の毛布にくるまったままでは、文字の入力もままならない。本章でとりあげた言い訳にまだしがみついている諸姉諸兄(しょしし ょけい)は、スケジュールのもたらす輝ける奇跡の数々が体得されるまで本章を何度でも再読されたい。**文章をたくさん書くための唯一の方法が、書く気の有無にかかわらず決まった時間に書くことである以上、「スケジュールを立てる」という原則を受け入れない限り、本書は何の救いにもならない。**執筆スケジュールを立ててから、次章を読まれたし。次章では、スケジュールを遵守したくなり、執筆が効率的に進む簡単な方法を紹介したい。

第 3 章

動機づけは大切

書こうという気持ちを持ち続ける

第2章では、書かないための言い訳を個別に撃破した。伝えたかったことがらは明瞭。スケジュールに従って書く、それだけだ。スケジュールこそ、文章をたくさん書く書き手が、たくさん書ける理由であり、その気になりさえすれば誰でも文章をたくさん書ける理由だと思う。しかし、せっかくの執筆時間だというのに、あまり書けずにいる人も多いようだ。机に向かい、手元にコーヒーとコンピュータがあるというのに、何を書けばよいのかさっぱりわからないらしい。無理もない。気の向いたときにしか書かない「一気書き」から改心したばかりだと、執筆時間をどう使えばよいのかわからないのも当然だ。これまで、締め切りや罪悪感に追い立てられるようにして書いてきたのだから仕方がない。そもそも、目標を設定したり、複数の執筆プロジェクトを同時進行させたり、スケジュールを守ったりした経験がないということだろう。本章では、書こうという気持ちを高め、執筆の生産性が増すような道具立てのいくつかについて説明しようと思う。こうした道具立ては、スケジュールに従って執筆していることを前提にしている。まだスケジュールを立てていなかったり、スケジュールを粗末に扱ったりしているなら、以下は逆効果だろう。

目標を設定する

　目標談義が好きなのは、実業家だけでなく、アカデミズムの人たちも同じだろう。目標やイニシアティブや戦略プランに夢中になったあげく、学部長や学長になってしまう人までいる。

とはいえ、目標というのは、やはり大切だ。明確な目標には、人を動かす力がある。つまり、明確な目標があれば、計画が立てられるし、個々の行動を実行できるし、目標達成時には誇らしい気持ちにもなれる（Bandura, 1997）。逆に、明確な目標がないと、行動というのは、散漫になり、方向性を欠いてしまうものだ（Lewin, 1935）。たくさん書くうえでは、執筆の目標を明確にする必要がある。とはいっても、明確な目標を立てるというのは、そう簡単ではないし、目標の設定を間違ったせいで計画が破綻することも多い。きちんとした目標を立てられれば、効率的な執筆が可能になる。

では、どうすればきちんとした目標を立てられるのだろう。その一歩めは、目標を立てる作業も、執筆プロセスの一環だと気づくことかもしれない。執筆時間帯を1回分丸ごと、執筆目標の整理や明確化にあてるというのもよい考えだと思う。ちなみに、僕も、月に1度はそうしている。計画を立てるのも執筆の一環である以上、たくさん書く人は、計画もたくさん立てている。

二歩めは、目標事項の列挙だろう。ここで目標事項というのは、書く作業が必要になるプロジェクトのことだ。例を挙げてみる。投稿論文の修正と再投稿、新たな原稿の執筆、頼まれて執筆した書籍の担当章の執筆、前年書き始めたまま、ほったらかしになっている論文の復活、助成金の申請書書き、本の執筆など。

自分は何が書きたいのだろう。ちなみに、気の向いたときだけ書いてきたような人が改心して、はじめて目標を立てると、決まってリストの筆頭に躍り出るプロジェクトがある。その人

が3ヶ月くらい見て見ぬ振りをしてきた忌まわしいプロジェクトがそれだ。もちろん、これも目標として書いておく。けれども、そこで手をとめてはならない。あと何ヶ月かの間に、自分は他に何を書きたいのだろう。研究助成金申請の締め切りが、地平線に見え隠れしていないだろうか？ 査読つきのちゃんとした雑誌に落ち着きたがっている未発表の実験が、ファイルキャビネットの中で悲鳴をあげていないだろうか？ ずっと書こうと思ってきたレビュー論文がなかったろうか？ 本書をとりあえず脇にどけて、紙を何枚か取り出したら、少々乱雑でもよいから、自分の目標事項を書き出してみよう。

　書き出した目標事項が、たぶん、たくさんあるだろう。整理を終えたら、これを書きとめておく必要があるわけだが、書き直していたのでは、時間が無駄になってしまう。ホワイトボードか掲示板を確保して、机のそばに置いたら、目標事項のリストをそのまま貼っておこう。気の向いたときに一気に書こうという「一気書き」の面々は、この延々と続くリストが視界に入るだけで不安になるかもしれない。でも、大丈夫。前もって立てておいたスケジュールがある。「一気書き」をしていると、「自分はこれを本当に全部書くのだろうか」と自問する所を、スケジュール派なら、「リストの項目を全部仕上げるのに何週間かかるだろう」というふうに思いをめぐらせるわけだ。終了した目標事項にバツ印やチェックの印を書き込むのは実に達成感がある。好みのシールを貼るのもよいだろう。

　三歩めは、執筆日ごとに、具体的な目標をリストアップすることだ。執筆時間帯に、目標事項を作業すべく机に向かう場合、その目標を、もっと小さな単位に分割する必要がある。「これこ

れの論文を再投稿する」というのは、目標事項としては申し分ないが、いざ机に向かって書こうという段になると、漠然としすぎていて役に立たない。執筆時間帯のはじめに机に向かったら、まずは深呼吸して、その日に何を終わらせたいかを考えよう。「あの論文を書く」というのでは漠然としすぎている。その日なりの具体的な目標が必要ということだ。1日単位の目標の具体例を挙げてみる。

- 少なくとも200ワード書く。
- 昨日終わらせた第1稿を印刷し、読んでみて修正する。
- 新たな目標事項のリストをつくって、ホワイトボードに貼る。
- 総合考察（General Discussion）の最初の3段落を書く。
- 抜けている引用文献を足して、引用と引用文献を対応させる。
- ジンサー（Zinsser, 2001）の22章と24章を再読して、執筆「電池」を充電し直す。
- 昨日始めた「目標設定」の部分を終わらせる。
- 新しい原稿に向けてブレーンストーミングをして、アウトラインを作成する。
- 査読から戻ってきたコメントを読む、要修正項目のリストを作成する。
- 校正刷に赤を入れ、返送する。

　目標で、ワード数や段落数といった「数」に言及することに驚く人もいるようだ。でも、今立てているのは「具体的な」目

標だ。「これこれの論文を修正して再投稿する」といった抽象的な目標では取り組みにくい。でも、「最低200ワード書く」だったらどうだろう。これなら、何をどうすればよいのかが目に浮かぶ。つまり、椅子に座って入力すればよいだけになる。アンソニー・トロロープにいたっては、執筆時に時計を手元に置いて、15分で250ワード書くという明瞭な目標を立てていたそうだ（Trollope, 1883/1999）。執筆時間帯ごとに、焦点を具体的にしぼった目標を設定する癖をつけること。そうすれば、「何を」「どのように」という部分での混乱を避けられる。

優先順位をつける

　さて、目標事項のリストは、もうできているはずだ。たくさん並んだ事項のうち、どれから手をつければよいのだろう。たくさん書いている同僚たちに、執筆の優先順位のつけ方について尋ねてみた。以下にその例を挙げてみる。この優先順位は、自分の順位と、彼らに教わった順位を折衷したものだ。あくまでも、例として使ってほしい。自分の優先順位を紙に書いてみること。目標事項のリストの隣に記入するのもよいだろう。

1. 校正刷や入稿用原稿をチェックする

　この項目は、ほぼ全員が、執筆優先順位としてトップに挙げたものだ。妥当だと思う。校正刷をチェックするというのは、出版プロセスの最終段階だ。学術的文章には締め切りがあまり厳しくない場合も多いが、この作業では、厳

しい締め切りがある。出版社は、校正刷と入稿用原稿の迅速なチェックを求めてくる。48時間以内というのが通例だろうか。何ヶ月（あるいは何年）もかけてデータを集めたり、原稿を書いたりしてきたあげくに、自分の論文の刊行を台無しにすることもあるまい。この作業は、速やかに終わらせよう。

2. 締め切りのある事項を終わらせる

　執筆作業は、たいていは締め切りがない。なので、締め切りのある事項は、締め切りのない事項より優先すべきだろう。締め切りのある事項の例としては、頼まれて執筆した書籍で自分が分担している章、助成金の申請書、事務文書の執筆などがある。こうした締め切りには、大変厳しいものも（助成金の申請書は、1日でも締め切りに遅れただけで、審査してもらえないのが通例だ）、多少緩めのものもある。ただ、個人的には、この項目は、優先順位の範疇に入ってこない。「一気書き」派とは違い、スケジュール派の場合、締め切りに追い立てられることはないからだ。執筆スケジュールに従って書いていれば、さまざまなことが早めに終わる。「一気書き」派の精神的支柱たる締め切りは、執筆をきっちり進めているスケジュール派には、あまり関係ない。

3. 原稿を修正して雑誌に再投稿する

　たいていの原稿はリジェクト（掲載拒否）される。運よく再投稿を勧められたら、その機会を無駄にしないこと。修正原稿は、はじめの原稿より、刊行というゴールに近いのだから、優先順位が高くてしかるべきだろう。

4. 投稿論文や助成金申請書の査読やレビューを行う

　このカテゴリーについては、議論が多いようだ。査読やレビューの作業がこの優先順位のリストに入るような項目なのかどうかについて、同僚たちの見解は一致していない。一方で、査読やレビューは、迅速にすませるべき優先順位の高い非執筆作業であって、作業は、執筆予定時間以外に行うべきだと考える人がいるかと思えば、査読やレビューには冷淡で、どちらかというとあまり考えたくないという人もいる。作業の意味という所では、僕は、査読やレビューはかなり意味のある作業だと思う。ピアレビュー（同領域の専門家による査読）の良し悪しは、それを行う査読者の能力に依存している。心理学の分野の査読プロセスは遅すぎるし、そのことが、この分野の科学的意義を減じさせていると思う。すべての査読者がもっと早く査読を行えれば、すべての投稿者がもっとハッピーになれる。査読結果が早めに戻ってくれば、そのことでいつもイライラしているエディターもほっとするはずだ。研究助成金についても事情は同じだろう。研究助成金のレビューでは、さまざまなことが問題になる。早めに、しかも丁寧に作業しておいた方がよい。

5. 新たな原稿を書く

　どんな論文も、最初は原稿の下書きからはじまる。一から原稿を書き起こすのは、「一気書き」派の面々にとっては大変な作業なのだろう。何ヶ月も論文を書きかけのままにしておいて、気が向くと、文献をチェックしたり、データを解析したりする。一方、スケジュールを守っている限

り、新しい論文を書くのは、（研究助成金、書籍、論文の修正などに比べれば）相対的にたやすいはずだ。実際に論文を書くうえでのアドバイスについては、第6章を参考にしてほしい。

6. その他の執筆作業を行う

重要性こそ低いものの、書かないわけにはいかない文章というものはある。これは、そういう文章のためのカテゴリーだ。例としては、ニュースレターに載せる短報など。こうした案件は、メインの執筆案件の手が空いたときに、ちょっとした楽しみとして手がけることができる。

僕が調査したほぼ全員が、大学院生が関わっている執筆案件については、特に優先すると述べていた。たとえば、通常ならその時点で抱えている論文の再投稿の方に時間をかけるべきであるような場合であっても、大学院生が共著者となる別の論文を新たに書く必要がある場合は、それを優先するという。これは、健全なアドバイスだと思う。僕も、自分が共著者であるけれども、執筆は担当していないような案件をあえて優先している。第1稿を書き終えて、コメントや変更点がないかどうか第2著者や第3著者に送ったのに、梨のつぶてという経験はないだろうか？　仕事の遅い共著者のせいで原稿がストップすることほど腹立たしいことはない。まして、その共著者が、大した分量を分担していない場合など、怒りのやり場に困るだろう。気の向いたときにしか書かない執筆者も困りものだが、気の向いたときにしか書かない共著者は、はるかに始末が悪い。

当然だが、大学院生の場合、優先順位のつけ方は教員と違っ

ていてよい。以下の優先順位のリストは、院生時代を上手に切り抜けた過去の院生たちや、最近の院生たちに話を聞きながらまとめたものだ。

1. 締め切りのあるプロジェクト

　大学院には、締め切りのある執筆作業というのが山ほどある。授業やゼミの提出物もそうだろう。授業の課題が多すぎて、もっと大切な修士論文などに使える執筆時間がどんどん減ってしまうと嘆く院生も多い。それはそうだろう。でも、締め切りは締め切りなのだし、提出物は、実際に学術的文章を執筆する、つまり本番に向けてのよい練習になる。それに、書く時間がもっと必要なら、毎週スケジュールを立てるときに執筆予定時間を増やせばよいだけの話だ。大学院での訓練を支えてくれる奨学金などの助成金の申請書にも締め切りはある。頑張って書く意味が十分ある文章だと思う。

2. 博士課程で定められた文章の執筆

　大学院には、修士論文、予備審査や本審査用の論文、博士論文など、各大学の課程に応じた執筆プロジェクトがあるはずだ。こうした文書を仕上げない限り課程を終えられない以上、さっさと仕上げてしまった方がよい。こうした文書は、投稿論文や著作に使える場合も多い。博士課程での執筆作業を、実際の学術論文の一部になるようなかたちで進める院生も多い。

3. 専門家としての出版/刊行

　科学的研究というのは、査読を経てアクセス可能なかたち

で刊行されて、はじめて科学研究として認められる。書き終えた修士論文を学位審査委員会に認められることはすばらしい。でも、世界中の科学者がその内容にアクセスして精査できるようにしておく必要があるということだ。しっかりした修士論文や博士論文は、学術誌に投稿すべきである。そして、修士論文や博士論文以外にも、論文を書くことを心がけた方がよい。研究プロジェクトや執筆プロジェクトには、あらゆる機会を見つけて参加すること。執筆スケジュールをちゃんと立てれば、そのプロジェクトで一番たくさん文章を書く院生になれる。

4. その他の執筆

　大学院生というのは、書評を書いたり、会報やニュースレターに文章を載せたりと、驚くほどの量の雑多な文章を書いていることも多い。文章一般に言えることだが、こうした執筆はよい練習になるし、時間を割く意味がある。とはいえ、こうした文章は、学術論文や書籍の分担執筆のように査読やレビューを経てアーカイブにも保存される専門家としての刊行物よりは、重要性が低い。どちらか片方を選ばなければならない事態に遭遇したら、専門家としての執筆の方を常に優先すること。

　優先順位の話をすると、「でも、何も書くことがないときにはどうすればよいのでしょうか」とよく聞かれる。大学教員の場合、何も書くことがないという状態はまずありえないはずだ。実際、僕の知っている教員は、たいていは未発表データを山のように抱えている。データを集めるのは簡単だが、データにつ

いて書くのは難しい。10年前に行った未発表の実験データがあるなら、「何も書くことがない」状態になるまでにしばらく時間がかかる。それどころか、書けば書くほど、書いておく必要のあることが増える。ボイス（Boice, 1990）の研究を思い出してほしい。独創的アイデアが思い浮かぶ頻度は、きちんと書いている人の方が、気が向いたときにしか書かない人よりも多かったはずだ（第2章参照）。何も書くことがないと思ったら、執筆時間帯を、新たな執筆項目を作成する時間にあてよう。

　もっとも、大学院生なら、目下とりかかるべき執筆プロジェクトがないという状況にも現実味がある。修士論文を終えたばかりで、他に何もプロジェクトを抱えていないとか、大学院に入ったばかりとか、そういう状況は誰にでもある。心配しなくてよい。とりうる手立ては、2つある。

　まず、現在進行中の執筆作業のあるプロジェクトに参加させてもらうこと。あなたの指導教員も、大学教員のご多分にもれず、執筆と格闘中で、とりかかったまま中断している執筆プロジェクトがあるのではないだろうか。教員の所に直接出向いて、「文章をきちんと書くための本を読んでいるのですが、そのうち1冊に、先生の所に行って、文章を書く作業があるようなプロジェクトに参加できないか尋ねてみてはどうかと書いてありました。何か作業が必要な原稿や、投稿しなければならないデータがあるようでしたら、お手伝いさせてください」と尋ねてみてはどうだろう。指導教員が、わけのわからないことを一気にしゃべりはじめる可能性は、それなりにあるはずだ。教員は、院生がもっと積極的に研究や執筆に関わってほしいと願っている。指導教員も、院生の参加表明はうれしいはずだ。

何も書くことがない状況に対処する方法として、もう1つ可能性があるのは、執筆時間を、専門家としての自分を育てるのに使うことだ。僕が大学院時代に身につけた最良のノウハウに、「考える時間をつくる」というものがある。大学院というのは、ともかく忙しい。次々やってくる短期の締め切りに追われていると、あっというまに長期の目標を見失ってしまう。週何時間かでも自分だけの時間があれば、文章の執筆や授業で教える内容について書かれた本を読んだり、自分の研究を振り返ったり、今より広めのキャリア目標について考えたりする時間ができる。

進行状況を監視する

　たいていの人は、自分がどのくらい書いているのかを、まったく把握していない。自分のことというのは、都合よく評価しがちで、頻度も分量も、実際より多く書いていると思い込んでいる人がほとんどだろう。文章をたくさん書くためには、進み具合をチェックして、執筆作業を冷静かつ正確に見つめることが欠かせない。目標を設定したり優先順位の上位に持ってきたりするだけで文章を着実に書き進めることができないのは、各種の行動研究からも明らかだ。目標に向かって進み具合をきちんと把握しておく必要がある（Carver & Scheier, 1998; Duval & Silvia, 2001）。

　執筆の進み具合を把握しておくことは、書くためのモチベーションを維持するうえで、さまざまな効果がある。まず、進み具合を把握していれば、目標が明確になってくるので、目標を

外すことがなくなる。書かねばならないことをすべてやりくりしようとして四苦八苦する人は多い。でも、執筆状況を見張っていれば、現在進行中のプロジェクトに焦点を合わせられる。

　第二に、自分の行動を見張っているだけで、机に向かって書くのが楽になる。行動研究からは、自己観察だけで、所望の行動が誘導されることがわかっている（Korotitsch & Nelson-Gray, 1999）。たとえば、お金を貯めたい人は、毎日使った額がわかれば使う額が減るので、出費を記録しておくべきだし、同じ理由で、決まった時間に執筆作業を行おうと思っている人は、机に向かって何か書いたかどうかを記録しておいた方がよい。執筆時間帯に机に向かわなかった場合に記録表に大きくて醜いゼロという文字を入力する効果は大きい。最後に、執筆の進み具合を記録していると、目標を上手に立てられるようになる。記録しはじめてしばらくすると、自分の執筆の進み具合について現実的な予想を立てられるだけのデータが集まってくる。目標を上手に立てられると、執筆ははかどるものだ。

　文章をたくさん書く人というのは、たいていは、何らかの方法で作業の進み具合を把握している。方法はいくつもある。ここでは、僕の方法について説明しよう。もっとも、僕が自分のシステムを説明すると、別にうちのマウンテンドッグの長い毛でベッドカバーを編んだなどという話はしていないのに、妙な顔をされることが多い。たしかに、僕のシステムは、凝りすぎで不可解に感じられるのかもしれない。でも、僕が自分の執筆に集中するうえで、このシステムは大いに役に立っている。

　図 3.1 は、「Writing Progress.sav」という名前をつけた SPSS データファイルのスクリーンショットだ。月（month）、日

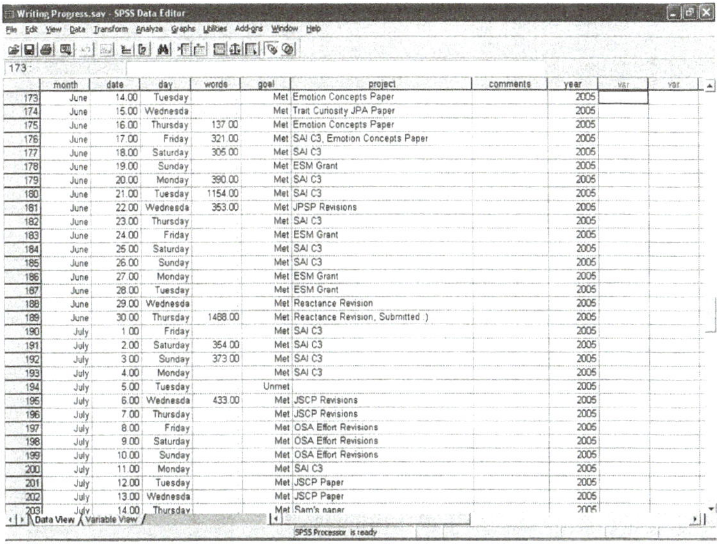

	month	date	day	words	goal	project	comments	year	var	var
173	June	14.00	Tuesday		Met	Emotion Concepts Paper		2005		
174	June	15.00	Wednesda		Met	Trait Curiosity JPA Paper		2005		
175	June	16.00	Thursday	137.00	Met	Emotion Concepts Paper		2005		
176	June	17.00	Friday	321.00	Met	SAI C3, Emotion Concepts Paper		2005		
177	June	18.00	Saturday	305.00	Met	SAI C3		2005		
178	June	19.00	Sunday		Met	ESM Grant		2005		
179	June	20.00	Monday	390.00	Met	SAI C3		2005		
180	June	21.00	Tuesday	1154.00	Met	SAI C3		2005		
181	June	22.00	Wednesda	353.00	Met	JPSP Revisions		2005		
182	June	23.00	Thursday		Met	SAI C3		2005		
183	June	24.00	Friday		Met	ESM Grant		2005		
184	June	25.00	Saturday		Met	SAI C3		2005		
185	June	26.00	Sunday		Met	SAI C3		2005		
186	June	27.00	Monday		Met	ESM Grant		2005		
187	June	28.00	Tuesday		Met	ESM Grant		2005		
188	June	29.00	Wednesda		Met	Reactance Revision		2005		
189	June	30.00	Thursday	1488.00	Met	Reactance Revision, Submitted :)		2005		
190	July	1.00	Friday		Met	SAI C3		2005		
191	July	2.00	Saturday	354.00	Met	SAI C3		2005		
192	July	3.00	Sunday	373.00	Met	SAI C3		2005		
193	July	4.00	Monday		Met	SAI C3		2005		
194	July	5.00	Tuesday		Unmet			2005		
195	July	6.00	Wednesda	433.00	Met	JSCP Revisions		2005		
196	July	7.00	Thursday		Met	JSCP Revisions		2005		
197	July	8.00	Friday		Met	OSA Effort Revisions		2005		
198	July	9.00	Saturday		Met	OSA Effort Revisions		2005		
199	July	10.00	Sunday		Met	OSA Effort Revisions		2005		
200	July	11.00	Monday		Met	SAI C3		2005		
201	July	12.00	Tuesday		Met	JSCP Paper		2005		
202	July	13.00	Wednesda		Met	JSCP Paper		2005		
203	July	14.00	Thursday		Met	Sam's paper		2005		

図 3.1　執筆進行状況管理ファイル。自分の執筆作業を可視化するうえで参考にしてほしい。

(date)、曜日 (day)、年 (year) ごとに、ワード数 (words)、目標 (goal)、プロジェクト (project) の欄を設けてあり、「ワード数」の欄には、その日の執筆ワード数を記入している。どんな文書作成ソフトウェアでも、文書のワード数は表示できる。作業前のワード数と作業終了時のワード数の差が、その日に書いたワード数になる。この列に空欄がたくさんあるのにお気づきだろうか。前にも強調したように、執筆には、文章をこしらえる以外にも多種多様な作業が含まれる。論文を読んだり、研究助成金申請書に記入したり、再投稿が必要な原稿を再読して過ごす日もあるということだ。そうした日は、ワード数の欄には記入しない。目標の欄には、その日の目標を達成できたかど

うかを書き込んでいる。僕の目標は単純で、机に向かって、執筆項目に沿った作業をする、それだけだ。だから、この変数については、{0 = Unmet, 1 = Met} というふうに記入している。図 3.1 に示した時期は、結構よくやっていて、7 月 5 日こそ、この目標を達成できなかったものの、それ以外の日は達成できている。プロジェクトの欄には、その日に作業した執筆項目を書いている。プロジェクトの種類を記録しておくと、そのプロジェクトを完了するのに要した日数がわかる。延々と続いているように感じられるプロジェクトが、案外最近とりかかったプロジェクトだったりすることもある。

言い訳に終始する「一気書き」派の面々は、自分は SPSS など持っていないとか、それどころか、SAS ならもう使っていますなどと言うかもしれない。でも、統計や表計算のソフトウェアなら何でも使えるし、そもそも、罫線の入ったノートと鉛筆なら誰でも持っているだろう。大事なのは、経過を追うことで、ハイテクであることではない。とはいえ、統計ソフトを使えば、自分の執筆データをマイニングできる。統計好きなら（僕と同じ分野なら、そうでない人の方が珍しいはずだ）、自分の執筆に関して統計データを集められる状況に魅力を感じるはずだ。僕の場合、記述統計やヒストグラムをある程度計算できる短いシンタックス・ファイルを書いた。新しい教科書を書いていたこの期間の 1 日平均のワード数は 789 ワードだった。図 3.2 にヒストグラムを示す。このワード数は多いようには感じられないかもしれない。でも、塵は積もるし山にもなる。図 3.3 は、月ごとの目標達成日の割合を示している。図からは、月によってばらつきがあるのがわかるだろう。僕の執筆データによれば、

第 3 章　動機づけは大切

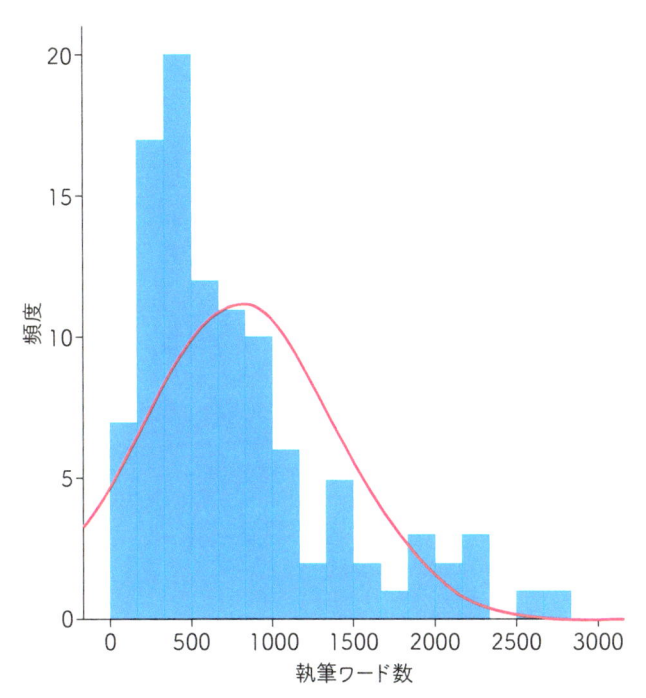

図 3.2　1 日あたりの平均執筆ワード数のヒストグラム（過去 12 ヶ月）

過去 12 ヶ月については、執筆予定の入っていた日の 97 ％は、予定通り机に向かえたようだ。完璧とはいわないものの、この数値に僕は結構満足している。こうした数値を眺め続けていると、さらに改善したくなってくるし、100 ％を達成できた月は誇らしい気持ちになったりもする。興味があれば、曜日ごとに目標達成度やワード数を整理してみてもよい。ということで、どのくらい書いているのかと人に尋ねられたら、「平日の 97 ％の日には書いています」とか、「教科書を書いているときなら、

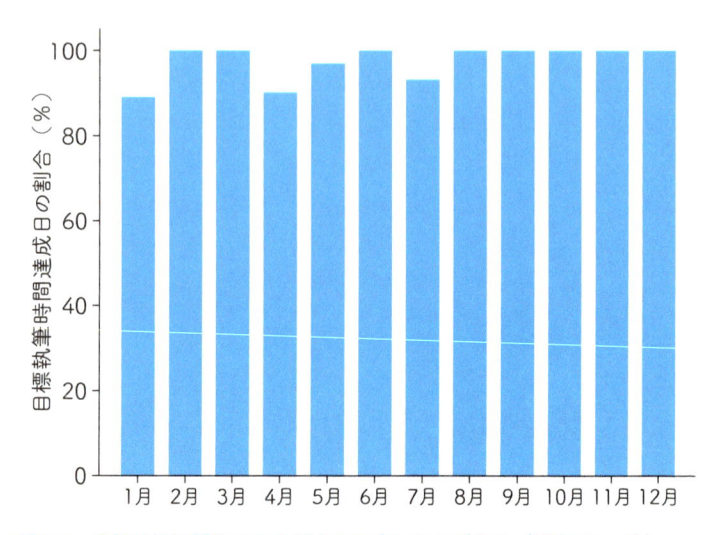

図 3.3　目標執筆時間達成日の割合を示すヒストグラム（過去 12 ヶ月）

1 日の平均は 789 ワードです」などと言える。そういう受け答えをすると、彼らは妙なものを見たとでもいうような顔をするかもしれない。それならそれでよい。

　目標項目を終わらせたら、自分にご褒美をあげよう。こうした自己強化と随伴性マネージメントというのは、所望の行動を育むための由緒ある方法だったりする（Skinner, 1987）。論文や助成金の申請書を提出したら、おいしいコーヒーや、昼食や、アンティークのサイドテーブルを自分にプレゼントしてはどうだろう。執筆そのものの見返りが得られるのはずっと先のことで、雑誌のエディターや研究助成金の審査委員会からの返事が戻ってくるには何ヶ月もかかる。すぐに自分を褒めてあげることで、モチベーションが維持される。ただ、しっかり書いたか

らといって、見返りとして執筆予定をさぼるというのは、あまりにばかげている。ゆめゆめ、執筆しないことをもって執筆の報酬としないこと。執筆できた見返りにスケジュールを放棄するのは、禁煙のご褒美として煙草を手渡すようなものだ。執筆スケジュールというのは、ルーチンと習慣という恐るべき力をコントロールすることで作動する。せっかくの執筆習慣を台無しにしてはならない。

スランプについて

　「ちょっと待ってほしい」と言う人もいるかもしれない。たぶん、「この本では、まだ、スランプの話をしていないじゃないか。スケジュールを立てるのも、目標を設定して進み具合をチェックするのもいい。でも、スランプで書けなくなったらどうすればいいんだろう」ということなのだろう。

　スランプは嫌いではない。理由は、森の精霊たちが好きなのと同じで、スランプというのも、たしかに、非実在の愛すべき存在だからだ。僕は、スランプの話をする人には、いったい何を書こうとしているのかと尋ねることにしている。学術的文章を書いていて、スランプに陥ることはないはずだ。自分と、芸術学科で創作を教えている知人とを混同しないこと。僕らは、奥深い語りを創造しているわけでも、人間の心の謎が露わになるようなメタファーを創作しているわけでもない。分散分析が華麗(かれい)だったからといって、読み手の涙を誘うわけではない（ただし、分散分析の手抜きは読み手の涙を誘う）。引用文献をコ

ピーして手渡したからといって、感動を分かち合っているわけではない。作家や詩人が、風景画家や肖像画家だとすれば、学術的文章の書き手は、スプレーペンキで地下室の壁を塗るペンキ職人のようなものだろう。

　スランプというのは自家撞着（どうちゃく）のよい例だろう。行動を描写しても、描写された行動の説明にはならない。スランプというのは、書かないという行動以外の何ものでもない。スランプだから書けないというのは、単に、書いていないから書けていないと言っているにすぎない。それだけ。スランプという言い訳の治療がもし可能だとすれば、治療としては、書くことしかありえない。第 2 章で説明したボイスの実験を思い出してみてほしい（Boice, 1990）。この実験では、書けなかったはずの人が、スケジュールを守るだけで、たくさん書いていた。つまり、それだけのことで書けるようになったということだ。一方、「書く

気になる」まで待った「書けない人」は、ほとんど書けなかったはずだ。本当にスランプで書けないなら、(a) 詩集を書くのをやめて、学術論文の執筆に戻る、(b) 森の精霊たちを説得して、総合考察（General Discussion）を書いてもらう、(c) 執筆スケジュールを立て直して遵守することで、再度、執筆作業にいそしむ、という選択肢のどれかを選択しよう。

　宇宙人が、宇宙人による誘拐を信じる人だけを誘拐するのと同じように、スランプに襲われるのはスランプの存在を信じる人だけだ。執筆スケジュールというシステムの最大の謎は、幽霊話のようだが、スケジュールに従って書いていれば、スランプ――それが何であるにせよ――には陥らないということだと思う。文章をたくさん書く人は、気が向こうが向くまいが、執筆スケジュールを守る。むろん、あまり書かない日もある。なんだかんだ言って、執筆というのは、気の滅入る作業なのだからそれは仕方がない。それでも、彼らは、家の上空を飛びかう異次元の光など気にもとめず、机に向かって書いている。

結　論

　本章では、執筆意欲を高めて生産性の高い書き手となるための道具立てについて説明してきた。まず**執筆スケジュールを立てる**のは当然として、次に、**目標事項のリストをつくって、書き出しておく**必要がある。机に向かったら、まずはその日、自分が何をしたいのかについて考えてみること。**目標事項に優先順位をつけて**おけば、いくつもの事項を一度に管理するストレスを避けられる。さらに**執筆状況を常時把握して**いれば、目標達成に集中できるし、1日たりとも無駄にすまいと奮起できる。自分がどれだけきちんと書けているかもわかるし、懐疑的な「一気書き」派の同僚たちに示すことのできる揺るぎないデータにもなる。規則正しい執筆スケジュールに、本章で紹介してきた工夫を組み合わせれば、誰でもたくさん書けるようになるはずだ。

第 4 章

励ましあうのも大事

書くためのサポートグループをつくろう

不平不満は、学者の生まれつきの権利のようなものかもしれない。学部学生が、教員や教科書について愚痴り、金曜朝9時開始の授業がいかに不公平かについて切々と訴えるころから、不平不満を訴える技術は早くも開花し、大学院生ともなれば、もうプロのレベルだ。統計の授業の退屈さ加減、指導教員のどうしようもない傲慢さ、定番の書きかけの博士論文など、嘆き節の種はつきない。そしてもちろん、専門家たる大学教員諸氏は、不平不満を、洗練された優美な芸術の世界にまで昇華させている（話題が、学長関連や駐車許可関連ともなれば、もう至芸の域だ）。

　こうした不平不満が、執筆作業に及ぶこともある。ともかく、大学教員も院生も、執筆作業についての不平不満が大好きなのだ。修士論文を終わらせるのがいかに大変か、助成金の申請書が締め切りまでに間に合わないかもしれない些細な理由、春休み中に思ったほど書けなかった事情など、およそ際限がない。執筆についての不平不満というのは、基本的にたちが悪い。特に第2章でとりあげたような言い訳がらみの不平不満は最悪だ。テーブルを囲んで、時間さえあればあんなことができた、新しいコンピュータさえあればこんなことができたなどと互いに言いあうのは、「一気書き」という無用の長物を温存するためとしか言いようがない。この誇り高い不平不満の学術的伝統を、マイナスの方向でなく、もっとプラスの方向に制御できないものだろうか。この先祖返り的本能を、文章をたくさん書くための不平不満の集合へと転化できないものだろうか。

　本章では、書くためのサポートグループ、つまり文章をよりよく、より早く書きたい者同士でつくるある種の互助グループ

第 4 章　励ましあうのも大事

を自分たちでつくれるように、その方法を説明する。このグループでは、動機づけ、目標設定、社会サポートなどの原則を利用して、よい執筆習慣を維持する。第 2 章と第 3 章で説明した通りにしていれば、執筆スケジュールはもう立ててあるはずだし、目標項目のリストもできていて、執筆の優先順位もはっきりしているはずだ。執筆グループは、こうしたよい習慣を強化して、気の向いたときにのみ執筆作業を行う「一気書き」の暗黒へとズルズル後戻りするのを防いでくれるに違いない。

執筆サポートグループの誕生

　ノースカロライナ大学グリーンズボロ校（UNCG）の心理学科には、他の心理学科同様、文章の生産性を上げたいと願う大学教員がたくさんいる。何年か前に、学科の友人シェリル・ローガンが、執筆について毎週集まって話すグループをつくるというアイデアを思いついた。話はとんとん拍子で進んで、「目標設定についての研究」ということでグループをつくれば、モチベーションを最適な状態に保つ実地のノウハウが得られておもしろそうだということになった（たとえば、Bandura, 1997）。僕は、グループの名称として、ビクトリア朝時代の作家アンソニー・トロロープにちなんだ「トロロープ協会」というのを提唱した。トロロープは、生涯に 63 冊もの本を書き、その大半が 2 巻本や 3 巻本だったという人物だ。心理学者には、トロロープから学べることが山ほどある。6 巻組の古典『バーセットシャー年代記』を含め、トロロープの著作の大半は、フルタイムで郵便局で働

いていた時代に執筆された作品だったりする（PopeHennessy, 1971）。トロロープは、毎朝5時半から朝食までの時間を執筆にあてたという。自伝には、こう書かれている。「毎日3時間もあれば、書くべきことのすべてを書ける」(Trollope, 1883/1999, 271ページ)。

　トロロープは偉大な作家だった。でも、「トロロープ協会」という名前はあまりよくなかったようだ。シェリルが、書く能力を失ってしまった病的な状態を指す「agraphia（執筆能力喪失状態）」という語彙を提案し、それが、僕らの状態にはなんともぴったりくる状態だった。ということで、僕らは大学教員メンバーを集めてまわり、「執筆能力喪失状態のためのサポートグループ」が誕生した。我らがUNCGの執筆サポートグループの目標は、現在進行中の執筆プロジェクトについて話しあう機会をつくり、執筆中に遭遇した問題について他のメンバーと発想や意見を交換し、妥当な目標を設定できるよう助け合うことだ。このプログラムの効果を正式に評価したことはない。だから、活動モデルを裏づける数値データはない。でも、ここ数年ずっと毎週集まってきた経緯をふまえ、僕らは、文章を書くうえで、この活動がとても役に立っていると信じている。このような執筆サポート活動を取り入れる例は他にも出てきている。他大学の友人が、僕らの活動のことを聞きつけて、自分たちもサポートグループを立ち上げたのだという。これはうれしい。執筆のためのサポートグループを運営していくうえでは、次の5項が肝要だと思う。

第4章 励ましあうのも大事

1. 具体的な短期目標を設定し、各メンバーの進み具合を毎回確認する

　第3章でも検討したように、目標がどこまで進んだかは、きちんとチェックし続けることが大切だ。僕らのグループには「目標記入用フォルダー」というのがあって、会合には、このフォルダーを持ってくる。会合では、メンバーがそれぞれ、次の会合までに何を終わらせておく予定でいるかを申告するから、それを具体的な目標として記録しておく。次回の会合では、まずこの目標を読み上げて達成の有無を確認する。図 4.1 は、ごく最近の目標シートの写真である。このシステムだと目標が記録されるので、言い逃れ

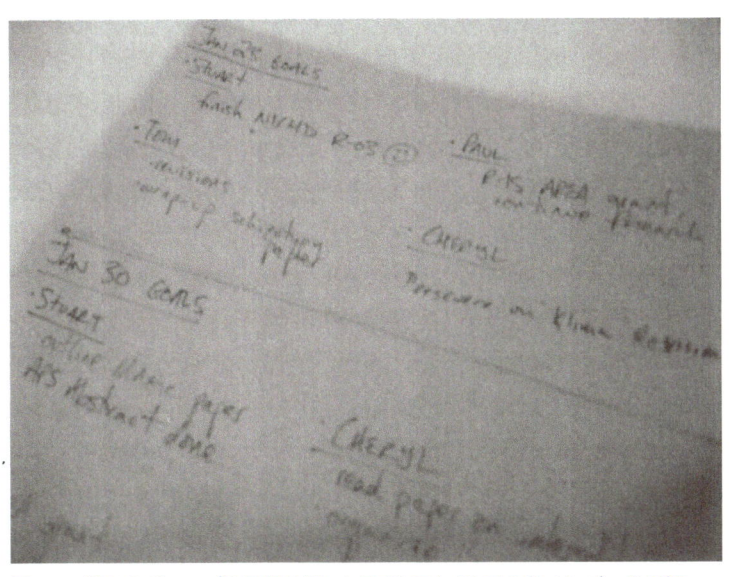

図 4.1　僕らのグループの目標の例。1月 25 日と 30 日の各メンバーの目標。

や記憶違いを防げる。

　執筆サポートグループの会合は、毎週か、せめて1週間おきに開きたい。2週間以上間隔があくと、目標がどうしても抽象的になって、長期目標のようになってしまう。僕らのグループでは、コアなメンバーは毎週会っている。ただ、隔週しか参加できないメンバーもいて、彼らの目標は、毎週会っているメンバーより「立派な」目標になりがちだ。

2. 目標は、執筆関連に絞る。他の話を持ち込まない

　大学教員というのは義務も雑用も多い。書くための会合のはずが、作業委員会や、授業や、わがままな院生についての愚痴大会になっては困る。こうした状況は避けるべきだ。僕らの会合はすぐ終わることも多い。まず前週の目標を確認し、達成できたかどうかをチェックして、新たな目標を設定する。1人何分もかからない。時間が余ったときには、各メンバーが直面している問題、たとえば、契約をめぐって出版社にどうアプローチするか、書けない状態に陥っている大学院生をどう書けるようにするか、はじめての研究助成金の申請をどう行うかといったトピックについて率直に考えを出し合うことが多い。

　自分の執筆サポートグループを立ち上げるときには、執筆について書かれた本を一緒に読むことも検討してみよう。目標を確認したり、設定したりした後で、本について議論すればよい。本書も当然選択肢に入ってくるだろう。本書の最後には、読んだり議論したりする意味のある本のリストが載っている（「執筆のための参考図書」参照）。グループのメンバーがスタイルのことで困っているなら、『On

Writing Well』(Zinsser, 2001) や『Junk English』(Smith, 2001) がよいだろう。書けなくて困っているなら、『The Writer's Book of Hope』(Keyes, 2003) や『Professors as Writers』(Boice, 1990)、さらには、スティーヴン・キングの『On Writing (書くことについて)』(King, 2000) はどうだろう。

3. 甘いニンジンは、鞭の役目も果たす

　執筆サポートグループは、非公式なご褒美を駆使して、よい執筆習慣の定着をはかるべきだろう。グループのメンバーが助成金の申請書を提出したとか、雑誌に論文を投稿したとかというのは、間違いなく重大事件だ。カフェイン依存状態のメンバーがいるのなら、コーヒーをごちそうして、執筆行動の定着をはかってもよい。社会生活でのちょっとした「ニンジン」が、執筆サポートグループを運営していくうえでの大事な鍵になる。もっとも、メンバーの行動を無条件で支持するのは禁物だ。いつまでたっても執筆目標を守れないメンバーには、グループによる介入が必要だろう。サポートグループは、言い訳や、レベルの低い執筆を正当化する場ではない。完全に行きづまっているようなメンバーもまずいない。そういう人は、最初から会合にやって来たりはしないからだ。とはいえ、サポートグループには、目標を守れないメンバーと向き合う用意がないと困る。ちなみに、よい方法ならある。そのメンバーに執筆スケジュールについて尋ねてみることだ。たいていは、この質問で、その人物がスケジュールを守っていなかったことがわかる。その場合は、もっと現実的なスケジュールを

立てさせ、翌週に向けてスケジュールをきっちり遵守させよう。説得に応じて書き始めるまで、このプロセスを毎週繰り返すこと。それでもうまくいかないなら、心理学の伝家の宝刀、つまり電気ショックによる行動の動機づけの出番かもしれない。

4. 教員と院生のグループは分ける

　UNCGの執筆サポートグループは、大学教員のみのグループだ。大学院生は、グループへの参加は勧めていない。そう言うと、不公平に聞こえるかもしれない。でも、教員と大学院生とを別のグループに分けることには、それなりの理由がある。執筆の優先順位が違うし（第3章参照）、困っている部分も、直面する課題も違う。大学院生は、大学教員の人数が多いと、萎縮してしまうことも多く、自分たちの執筆目標（たとえば、修士論文を終わらせること）が、大学教員の目標ほど重要でないと勘違いしていたりもするようだ。それに、メンバーが教員だけなら、学生に助言する際の苦労や、頓挫中のプロジェクト（学生も含む）について率直に話せる。一方、大学院生だけのグループなら、授業で取り組んでいるプロジェクトや、指導教員が関わっている執筆プロジェクトでの苦労について率直に話せるだろう。

　もし君が大学院生なら、友人の多くも、自分と同年代ではないだろうか。修士論文にせよ博士論文にせよ、執筆に関して同じ壁にぶつかっているはずだ。書くためのサポートグループで互いの執筆作業を励ましあうのは自然な流れだろう。院生だけの執筆グループをスタートさせるという

のはどうだろう。グループに参加したいと言われても困るだろうから、指導教員には内緒にしておこう。

5. コーヒーを飲もう（非必須）

　UNCG の執筆サポートグループの場合は、メンバーのカフェイン依存状態が深刻なので、学科の隣のカフェで会合を開いている。僕らのグループでは、コーヒーは活動の一環として重要なのだが、他の執筆サポートグループでは、効果がないようでもある。紅茶でも、いや水でも、同じくらい効果があるのかもしれない。

結　論

　ここまで来れば、文章をたくさん書くのにサポートグループが役立つ理由がおわかりだろう。サポートグループは、心理学的にもさまざまなメリットがある。社会心理学者であれば、サポートグループによって社会的な圧力が構成されるというふうに理解するはずだ。気の向いたときに一気に書く「一気書き」をしている人は、スケジュール派から、スケジュールを立てて守るように言われることで、圧力を感じる。行動心理学者であれば、グループが、所望の行動に対する正の強化や、適切な行動を欠いた場合の罰を提供することに気づくだろう。臨床心理学者であれば、自分の非生産的なやり方を変えようと苦闘している人たちに洞察や示唆をもたらすことができることに気づくはずだ。認知心理学者は、成功と失敗について自ら分析することで行動戦略を評価できる可能性を指摘するはずだ。発達心理学者なら、執筆サポートグループがあれば、ラボでキャーキャー騒ぐ子どもたちから逃れて、平和なひとときをコーヒーショップで過ごせると感じるかもしれない。学科の友人と一緒に、書くためのサポートグループをつくろう。書くことが、もっともっと楽しくなるはずだ。

第 5 章

文体について

最低限のアドバイス

僕らが読む学術誌というのは、悪文を撒き散らす存在なのではなかろうか。僕が学術誌を置いているのは、机から一番離れた本棚だったりする。頭上から悪文が降ってきてはたまらないからだ。でも、そうした凄惨きわまりない論文を書いた当人と話をすると、ご当人は、自分の仕事を絶賛していたりする。そして、その人がしゃべっているのを聴く分には、生き生きとしていて明瞭で、内容に興味が持てたりもする。いったい、何をどこで間違ったのだろう。本書は、文章をたくさん書くための本であって、よりよい文章を書くための本ではないかもしれない。でも、説得力のある文章を書くための基本を学ぶ時間は、絶対にとった方がよい。文章をたくさん書くだけなら、スケジュールを守る努力を1週間も続ければ、書けるようになる。でも、よい文章の書き方を身につけるには、はるかに長い時間がかかる。だからこそ、今すぐスタートすべきだ。本章では、文章の質を向上させるノウハウをいくつか提供する。

悪文しか書けないわけ

　学術的文章の書き手がダメな理由は3つある。1つめ。彼らは、スマート（smart、賢く）に見られたがる。「smart（スマート）」のようなよい語彙があるのに、「sophisticated（洗練されている）」や「erudite（博識である）」を好んで使う人々のまねをするなら、「濁った水の湖は深く見える」というドイツの警句も、「透明度が最低であることによって特徴づけられる湖水は、深さ方向の長さの値が有意に高いだろう（$p < 0.05$）」となるだ

ろう。

　2つめ。アカデミズムの書き手は、よい文章の書き方を習ったことがない。大学院生のときにお手本としていた人たちも、悪文を書いていたのだろうし、学会誌投稿時にお手本とする論文に至っては、警報がビービー鳴りはじめるレベルだろう。

　3つめ。よい文章を書くための練習時間が圧倒的に不足している。書くのも他のスキルと同じで、長い時間練習を計画的に積んで、はじめて書けるようになる（Ericsson, Krampe, & Tesch-Romer, 1993）。よい文章を書くための原則を学び、学んだ原則を何百時間も練習すべきということだ。

　1つめの問題を解決するには、文章を書くときのお手本を変える必要がある。「賢い研究者というのは、人には簡単に理解できない文章を書くものだ」と思っている人もいるかもしれない。でも、誰も読者を迷子にしたくないはずだ。科学者は、よい発想や興味深い知見にこそ感銘を受けるのだから、せっかくの発想や知見を、つまらない言葉の壁で隠すのはやめにしよう。2つめの問題を解決するには、とりあえず本書を読んでから、文章の書き方についての本を購入しよう。本書の最後には、文体や文法について役立つであろう本のリストを載せてある（「執筆のための参考図書」参照）。3つめの問題を解決するには、執筆予定時間を使って、これらの本を読み、提案されていることを実際に練習しよう。そうすれば、誰のものともつかぬ干からびた文章ではなく、書き手の顔の見える文章が書けるようになるはずだ。

よい単語を選ぶ

　書く作業は、単語に始まって単語に終わる。よい文章を書くには、よい単語を選ぶ必要がある。英語には、たくさんの単語がある。その多くは、短くて、生き生きした、なじみ深い単語だ。文章は、そういう単語を使って書こう。賢そうに見える流行のフレーズは使わないこと。いかにも心理学者然とした用語は、もちろん御法度だ。上手な文章を書くことも大事だが、わかりやすい単語からは、英語を第2、第3、第4の言語として学習した読者を尊重する気持ちが伝わってくる。海外の研究者は、英仏辞典や英和辞典など、2言語間の辞書を引きながら論文を読むことも多い。引いた単語がその辞書に載っていなければ、その部分は理解できないまま残ってしまう。その研究者は、読めないのが自分のせいだと思うだろう。でも、彼らを置いてきぼりにしたのは、他でもないあなただ。

　「でも、専門用語（テクニカルターム）はどうでしょう」と尋ねたくなるかもしれない。「stimulus onset asynchrony（刺激開始の時間差）についての論文を、この用語を使わずに書けるか」という問題だ。科学では、必要に応じて単語やフレーズがつくられる。こうした専門用語はしっかり機能してくれるし、専門用語であっても日常的な単語で定義しておけば、容易に理解できる。きちんとした科学の用語を使い、ビジネス、マーケティング、政治、軍事などの分野からまぎれ込んだ用語は使わないこと。つまり、incentivize（報酬でつる）やtarget（標的とする）のような動詞は不要だし、transparent（透明）のような

第 5 章　文体について

形容詞が必要なのは、窓を磨く場合だけだ。一貫性のある文章を書くには、専門用語を揃えること。専門概念についての用語をコロコロ変えると、読者は混乱する。

> Before 〔用語が不統一〕
>
> People high in neuroticism responded slower than people low in the tendency to experience aversive affective states.
> （神経症傾向の高い人は、悪感情状態を経験しにくい人より、応答が遅かった。）
>
> After 〔用語を統一〕
>
> People high in neuroticism responded slower than people low in neuroticism.
> （神経症傾向の高い人は、神経症傾向の低い人より応答が遅かった。）

そうは言っても、困った専門用語もある。専門誌で見かける単語を吟味もせずに使うのは、やめておいた方がよい。発達心理学者は、「path」でも「way」でも我慢できなくなると、発達の「pathways（経路）」について説明しはじめ、それがさらに昂じると「trajectories（軌道）」について説明しはじめる。認知心理学者は、「disambiguate（明らかにする）」が何を意味するのか明らかにする（clarify）べきだ。臨床心理学者は、「negative moods（ネガティブなムード）」や「poor sleep（浅い眠り）」の載った皿を運ぶうつ状態の執事にも似た症状を呈する（present with）クライアントを抱えている。臨床家は、もはやマニュアルを書いたり、マニュアル通りに実施したりはせず、「manualized interventions（マニュアル化した介入行為）」を開発展開し、実行している。感情心理学者は、読者が「appraisal（評価）」の意味を知らないとでも思っているのか、「cognitive appraisals（認知的評価）」や「subjective appraisals（主観的評価）」について語り、それでは理解できない場合に備えて、「subjective cognitive appraisals（主観的認知評価）」について語る。学際的な関心を持つ心理学者は、「生物社会的（biosocial）」モデルや「心理社会的（psychosocial）」モデル、はたまた「心理生物的（psychobiological）」モデル、さらには「生物心理社会的（biopsychosocial）」モデルを提唱し、最近の「生物心理社会精神的（biopsychosocialspiritual）」モデルにいたっては、生物心理社会的にすぎない偏狭なモデルすら超越している。

　心理学者は、よくない（bad）単語が大好きだ。でも、そういう単語のことを、deficient（不十分）とか suboptimal（次善）などと称する。心理学者は、existing literature（実在する文献）について論じるのも大好きだ。だが、そもそも、nonexistent literature（実在しない文献）などというものがあって、そうした実在しない文献を汗水たらして読んだり、参照したりすることなどあるのだろうか。心理学者は日常的に論文を読んでいるわけで、僕らの専門誌がどうしようもなくリアルな存在であることを百も承知のはずだ。extant literature（残存する文献）についても、同じこと。また、2つのことがらの間の disconnect（切断状態）について執筆する心理学者は、difference（違い）、distinction（区別）、separation（分離）、gap（隙間）といった素敵な言葉が載っている自分の辞書から、文字通り disconnected（切断された）状態になるようだ。

70

人（individual）によっては、各種の個別の（individual）トピックについての個々の（individual）論文を書くときに、人（person や people）のことを個人（individual（s））と称したりもしている。こうした人々は、individual が曖昧な単語であることに気づいていない。「We observed an individual _____.」という文が出てきたときに、下線部分には、rabbit のような名詞が入るのだろうか（我々は、個々の_____を観察した）、それとも walking のような動詞が入るのだろうか（我々は、_____している人物を観察した）。友人と研究について議論するときに、individual は使わないだろう。だとすれば、科学という広大な世界に向かって説明するときだけ見栄を張ることもあるまい。心理学に魅力を感じたのは、個人（individuals）や個人（individuals）を観察することに関心を抱いたからだろうか。そうではあるまい。だったら、person や people のような適切な言葉を選ぼう。なお、「persons」は、a person or persons unknown（何者か）を探す小さな町の保安官ではないのだから、使わない方がよい。

人間（people）について言うと、僕は、自分の研究の参加者（participants）について書くときには、participants を使うのをやめた。僕の友だちは、それぞれ、鳥、赤ん坊、ラット、学区、などいろいろなことを研究していて、彼らの研究の参加者（participants）は、僕とは全然違う。僕は、人間のおとなについて研究しているので、僕の論文の方法（Methods）のセクションに使うには、人（person や people）という言葉がちょうどよい。読者の皆さんは、僕のこの選択に驚かれるかもしれない。でも怖がらなくてもよい。アメリカ心理学会（APA）スタイルガイドに取り締まり規定はない。「participants（実験参加

者)」というのは曖昧模糊としている。心理学の研究者は、もっと適切な言葉を選んだ方がよい。研究者によっては、子どもや教師からデータを集めながら、子どもについて研究している人もいる。この場合も、「participants（実験参加者）」では、ピンとこない。いっそのこと、子ども、教師、親などを使ってみてはどうだろう。older adults（高年齢層の成人）と younger adults（低年齢層の成人）の認知プロセスについて研究しているのなら、そのまま、そう呼べばよいのではなかろうか。まずは、方法（Methods）のセクションを、「participants（実験参加者）」という用語を使わずに、もっと適切な言葉を使って、ためしに書き直してみよう。気分が晴れるはずだ。

　略語やアクロニム（頭字語）は、基本的には使わない方がよい。短いが使用頻度の高い言葉を、ANX（anxiety、不安）やDEP（抑うつ、depression）のように略し、シンプルな表現を、ANXAR（anxious arousal、不安覚醒）や ANDEP（anhedonic depression、快感喪失性抑うつ）のようにアクロニムにし、そのうえで、ANX、ANDEP、DEP、ANXAR の違いを嬉々として説明しているのを見たことがある。略語やアクロニムが有用なのは、もとの複雑で長い表現より略語やアクロニムの方がわかりやすい場合だけだ。SES（socioeconomic status、社会経済的地位）や ANOVA（analysis of variance、分散分析）は適切だけれども、ANX や DEP は不適切ということだ。通常の表現のかわりに略語を使うことで、冗長さが減ると考える執筆者もいるようで、そういう人なら、本書のような「たくさん書く（how to write a lot）」ことを扱った書籍では、「write a lot」ではなく「WAL」を使うのかもしれない。でも、読者にとって見れば、

「write a lot」より、何度も「WAL」を読まされる方がよほど面倒だろう。そもそも、複雑な長い表現を使わなければ、略語にもアクロニムにも出番がないはずだ。

very、quite、basically、actually、virtually、extremely、remarkably、completely、at all なども削ってしまおう。こういう無駄な単語は、基本的に意味がないし、雑草と同じで、文を台無しにしてしまう。スミスの『Junk English』(Smith, 2001) では、こうした言葉は、文脈寄生的強意語と呼ばれている。

> 問題なのは、もともとは力強い単語であっても重みがなくなって、強意語を用いて嵩上げしないとパンチが足りないような単語になってしまうことだ。「offer insight（洞察する）」や「oppose a position（ある立場に反対する）」のような本来は強い表現であっても、強意語を多用すると、その insight（洞察）に価値があったり、opposition（相対するもの）がはっきりしていない限りパンチを欠くようになる。強意語は、それが寄生している文脈から活力を奪っている（98 ページ）。

ストランクとホワイトの古典『The Elements of Style』(4th ed., Strunk and White, 2000) の「不要な単語を使うなかれ」(23 ページ) というメッセージは、頭に入っているはずだ。それなのに、どの単語が不要なのかわからないという場合、文脈寄生的強意語は、すべて削除の候補だと思ってよい。

力強い文を書く

　さて、自分が使う単語に関して、「individualsって、使っていたっけ」といったように意識的に検討できるようになった所で、次に、文の書き方について考えてみよう。「これまで、息をするくらい自然に文を書いてきて、文に変化を持たせようなどと、露ほども考えたことはなかったのではないか」と喝破したのは、シェリダン・ベイカー（Baker, 1969, 27ページ）だ。ダメな書き手の文章というのは、同じタイプの文ばかりが続くので、とりとめもないつぶやきが延々と続くように感じられるものだ。英語には、単文、重文、複文という3つのタイプの文がある（Baker, 1969; Hale, 1999）。単文は、主語と述語が1組しかない。学術的文章の書き手が、簡潔明瞭な文をばかにするのは、残念なことだ。重文は2つの節を持ち、それぞれの節だけでも独立できる。独立した節同士は接続詞でつながれていることも多いが、セミコロンでつながれている場合もある。単文や重文とは異なり、複文は、従属節と主節からできている。きちんと書かれた複文を使うと、文章にメリハリが出るし、抑制のきいたトーンになる。

　少々自分勝手なことを言わせてもらうと、パラレルな文というのは、心理学者のためにあるのだと思う。僕らは、関係性、対比、比較といったことをめぐって文章を書く。外向性が高い人と外向性が低い人、統制条件と実験条件、時間帯1に生じたことがらと時間帯2に生じたことがらといった具合だ。ちゃんとした執筆者は、パラレルな文を使う。パラレルな構造にする

第 5 章 文体について

と、関係性が明瞭になるというのが、その理由だろう。困った書き手は、パラレルな文を避ける。繰り返しはよくないからと、パラレルな文を避け、用語や文の種類を変えて珍妙な文を編み出すわけだ。

Before

People in the dual-task condition monitored a series of beeps while reading a list of words. Some other participants in a different group read only a list of words without listening for sounds ("control condition").

(二重課題条件の実験参加者は、単語リストを読みながら、一連のビープ音もモニターした。別グループの実験参加者の一部は、音を聴くことなく、単語リストを読むだけとした（統制条件）。)

After ［パラレルな構造の明瞭化］

People in the dual-task condition monitored a series of beeps while reading a list of words. People in the control condition read a list of words.

(二重課題条件の実験参加者は、単語リストを読みながら、一連のビープ音もモニターした。統制条件の実験参加者は、単語リストを読むものとした。)

パラレルな文には、状況を単に列挙するのではなく、双方に共通の部分について述べてから、互いに非共通の部分について述べる構造のものもある。

Better

Everyone read a list of words. People in the dual-task condition monitored a series of beeps while reading the words, and people in the control condition only read the words.
(実験参加者は全員単語リストを読んだ。二重課題条件の実験参加者は、単語を読みながら一連のビープ音もモニターし、統制条件の実験参加者は、単語を読むだけとした。)

Better

Everyone viewed a set of 20 pictures. In the control condition, people merely viewed the pictures. In the evaluation condition, people rated how much they liked each picture.
(全員が1組20枚の写真を見るものとした。統制条件では、実験参加者は写真を見るだけとし、評価条件では、実験参加者は、各写真について、どの程度気に入ったかを評価した。)

　セミコロン（；）を使い慣れていない人も多い。パラレルな文には、セミコロンがお似合いなのに、使用頻度はいまひとつだ。ハイスクールのころ、アルバム委員会や体育会系男子を嫌っていたのと同様、セミコロンも嫌っていなかっただろうか。セミコロンに対する不信は、そのころ以来の偏見だろう。次の例を読んでみてほしい。セミコロンの必要性がわかるはずだ。セミコロンは独立した節をつなぐもので、節はそれぞれ独立している必要がある。ピリオドとは違い、セミコロンの場合、節同

第 5 章 文体について

士が密接な関係にある。また、コンマの後に「and」がくる場合とも違い、セミコロンには節間の重さのバランスをとるような意味合いもある。2つのパラレルな文を、セミコロンでつなぐと具合がよいのは、そういう事情だ。

Before 〔セミコロン不使用〕

At Time 1, people read the words. At Time 2, they tried to remember as many words as possible.
(実験参加者は、時間帯1に単語を読んだ。時間帯2には、できるだけ多くの単語を記憶することとした。)

After 〔セミコロン使用〕

At Time 1, people read the words; at Time 2, they tried to remember as many words as possible.
(実験参加者は、時間帯1には単語を読み、時間帯2にはできるだけ多くの単語を記憶することとした。)

Before 〔セミコロン不使用〕

People in the reading condition read the words, and people in the listening condition heard a recording of the words.
(読みとり条件の実験参加者は、単語を読み、聴きとり条件の実験参加者は、録音した単語を聴くものとした。)

After 〔セミコロン使用〕

People in the reading condition read the words; people in the listening condition heard a recording of the words.
(読みとり条件の実験参加者は単語を読み、聴きとり条件の実験参加者は録音した単語を聴くものとした。)

セミコロンとの関係を修復しつつ、一歩踏み出して新しい友達をつくろう——ダッシュのことだ。よい書き手は、ダッシュを多用するものだ。このダッシュは、大文字のMの幅であることから、専門用語ではエムダッシュと呼ばれ、エムダッシュを使うと、引き締まった印象的な文が書ける。エムダッシュの一般的な使い方は2つある（Gordon, 2003）。

　1つめ。単一のエムダッシュは、節や句を文末に連結できる。この章でも、何回か見かけたはずだ。

　・Our academic journals radiate bad writing—I store my journals on the shelf farthest from my desk to avoid the fallout.
（僕らの学術誌は、悪文を撒き散らす存在だ——僕は、学術誌は机から一番離れた棚に置いて、悪文が降ってくるのを防いでいる。）
　・Work through this—you need semicolons.
（これをやってみること——セミコロンの必要性がわかるだろう。）
　・While you're rebuilding your relationship with the semicolon, reach out and make a new friend—the dash.
（セミコロンとの関係を修復しつつ、一歩踏み出して新しい友だちをつくろう——ダッシュのことだ。）

　2つめ。ダッシュ2つを、括弧のようにして使うこともできる。この用法も、本章で何回か見かけたはずだ。

第 5 章　文体について

・Now that you're self-conscious about your words—"Did I write *individuals* in my last paper?"—it's time to rethink how to write sentences.
（さて、自分の使う単語に関して意識的になれた（つまり、「この前の論文で individuals という単語を使っただろうか」と意識できるようになれた）。ところで、次は、文の書き方について考えてみよう。）

・Technically called *em dashes*—they're the width of a capital M—dashes enable crisp, striking sentences.
（専門用語では「エムダッシュ」と呼ばれているのだが（長さが大文字の M の幅と一緒なのでこう呼ばれている）、このダッシュを使うと引き締まった印象的な文が書ける。）

「実験参加者と計画」のセクションで、エムダッシュを使うのもいい。

Okay 〔エムダッシュ不使用〕

Forty-two adults participated in the experiment. There were 12 women and 30 men.
（成人 42 名が実験に参加した。そのうち女性が 12 名、男性が 30 名であった。）

Better 〔エムダッシュを括弧のようにして使用〕

Forty-two adults—12 women and 30 men—participated in the experiment.
（成人 42 名（女性 12 名、男性 30 名）が実験に参加した。）

エムダッシュには、知名度のさらに低いエヌダッシュ（–）という親戚がいる。幅が大文字のNと同じであるエヌダッシュは、その両側に位置する概念間のバランスをとるので、エヌダッシュを使うと、「between」の含意をスマートに表現できる。エヌダッシュの使い方を理解していない人は案外多く、そういう人は、エヌダッシュの代わりにハイフン（-）を使って恥をかくことになる。

　parent-child behavior〔ハイフンを使用しているため、「親になってしまった子ども」の意味になる〕に関心があると述べた発達心理学者は、赤ん坊のようにだだをこねることのある親たちについて論じようと思っていたわけではなく、単に、behavior between parents and children（親と子どもの間に見られる行動）を略述して、parent–child〔適切にエヌダッシュを使用しているため、「親子間の」という意味になる〕と書いたつもりだったのだと思う。また、きちんとした書き手なら、teacher–parent conference〔エヌダッシュを使用しているため、本来の「保護者会」の意味になる〕と teacher-parent conference〔ハイフンを使用しているため、「教員をしている親の会」の意味になってしまう〕の違いをわかっているはずだ。なのに、僕の研究室のポストには、「infant-parent interaction study」〔ハイフンを使っているため、「子どものままの親たちの相互関係をめぐる研究」の意味になってしまっている〕のチラシが入っていたりする。なんということだ。いまや、十代の妊娠ではなく、子どもの妊娠を防止することが焦眉（しょうび）の課題なのか！〔ハイフンではなく、エヌダッシュを使っていれば、「親子間の相互関係の研究」という意味になったはずだ〕　この機会に、これまで発表した論文で、ハイフンをそっとエヌダッシュに直しておいてくれた編集者に感謝

第 5 章 文体について

しよう！

　力強い文を書くには、同格の句を使ってみるのもよい。文中での各句の位置によっても関係性は表されるので、文の各部分をつないだり、その間のバランスをとったりする単語を省いても大丈夫だ。

Before

Counterfactual thoughts, which are defined as thoughts about events that did not occur, demonstrate the intersection of cognition and emotion.

（反実仮想（起こらなかった事象について考えることと定義されている）からは、認知と感情が交差する様子がわかる。）

After 〔which are が省かれている〕

Counterfactual thoughts, defined as thoughts about events that did not occur, demonstrate the intersection of cognition and emotion.

（反実仮想（起こらなかった事象について考えることと定義されている）からは、認知と感情が交差する様子がわかる。）

Better 〔同格の部分がダッシュで挟まれている〕

Counterfactual thoughts—thoughts about events that did not occur—demonstrate the intersection of cognition and emotion.

（反実仮想——起こらなかった事象について考えること——からは、認知と感情が交差する様子がわかる。）

Before [重文]

The study of facial expressions is a popular area within the study of cognition and emotion, and it has settled old conflicts about the structure of emotions.

(顔の表情についての研究は、認知や感情の研究ではポピュラーな領域で、この研究のおかげで感情の構造をめぐる古くからの論争に決着がついた。)

After [重文から複文に書き直し、which is を削除して、同格の表現とした]

The study of facial expressions, a popular area within the study of cognition and emotion, has settled old conflicts about the structure of emotions.

(顔の表情についての研究という認知や感情の研究ではポピュラーな領域のおかげで、感情の構造をめぐる古くからの論争に決着がついた。)

　最後に、弱い文というのは、学術的文章がよく陥る2つの症状についてチェックしてみることで診断がつく。1つめの「such that ウイルス」には、シンプルな文を不安に感じている書き手はすぐやられてしまう。シンプルな文を書きたくないので、締まりのない1つめの節を書いてしまい、それに、「such that」を使って、もともと書くつもりでいた2つめの節をつないでしまうのである。歯切れのよい論文を書きたいなら、こうした「such that」は使わないこと。ワープロソフトやエディターソフトの検索機能を活用して、このウイルスを駆除してしまうのもよい。見つけた場合の対策としては、①「such that」の前の節を削除す

る、②「such that」をコロンやダッシュに置き換える、③もっとよい文に書き直す、の3つがある。

Before

We created two conditions such that people in one condition were told to be accurate and people in another condition were told to be fast.

(2つの条件を用意し、一方の条件の実験参加者には、正確に作業するよう指示し、他方の条件の実験参加者には、速く作業するよう指示した。)

After 〔such that の前の節を削除し、セミコロンを用いてパラレルな節が並ぶようにした〕

People in one condition were told to be accurate; people in another condition were told to be fast.

(一方の条件の実験参加者には、正確に作業するよう指示し、他方の条件の実験参加者には、速く作業するよう指示した。)

After 〔such that をコロンで置換〕

We created two conditions: People in one condition were told to be accurate, and people in another condition were told be fast.

(2つの条件を用意し、一方の条件の実験参加者には、正確に作業するよう指示し、他方の条件の実験参加者には、速く作業するよう指示した。)

Before

People were assigned to groups such that the assignment process was random.

(実験参加者を、ランダムな配分方法で、各グループに割りあてた。)

After 〔文の書き直し〕

People were randomly assigned to groups.

(実験参加者をランダムに各グループに割りあてた。)

2つめの病気である「不安定な重文症候群」は、コンマは音読時の切れ目に打っておきさえすればよいと信じ込んでいる書き手を襲う（コンマの使用には、いくつかの決まりがある）。僕らの雑誌は、蔓延する「不安定重文症候群」と格闘中だ。困った例をいくつか挙げてみよう。

・Positive moods enhance creative problem solving, and broaden thinking.
(建設的なムードは、独創的な問題解決を促し、思考の幅を広げる。)
・Experiment 1 demonstrated strong effects of planning on motivation, and clarified competing predictions about how planning works.
(実験1では、計画を立てる作業がモチベーションに強い影響を与えることが例証され、計画を立てる作業がどのように作用するのかについての競合する予測が明確になった。)

これらの文のどこが問題で、なぜ間違っているのか、おわかりだろうか？　重文には、独立した節が2つ必要なのに、ここに挙げたような「不安定な重文」の場合、2つめの節に主語がなく、独立した節になっていない。1つめの文では、何が思考の幅を広げるのだろう？　2つめの文では、何が、競合する予測を明確にしたのだろう？　これらの文は簡単に直せる。それぞれの文の2つめの節に主語を加えてもよいし（つまり、「and *they* broaden thinking」「and *it* clarified competing predictions」としてもよいし）、コンマをとってしまってもよい（つまり、1つめの文であれば、「Positive moods enhance creative problem solving and broaden thinking.」としてもよい）。

受動的な表現、弱々しい表現、冗長な表現は避ける

　英語のライティングの本で、能動態で書くよう薦めていない本はないのではなかろうか。人間というのは、能動的に考え、能動的にしゃべる存在なのだから、能動的に書けば、日々の思考や会話のやむにやまれぬ響きを捉えることができる[*1]。受動的に書くと、文の主体がうやむやになり、読み手には、曖昧で回避的なかたちでしか伝わらない。賢く見られたいと思うと、ついつい受動態で書きたくなる。非人格的な響きに魅力を感じ、

[*1] ここで、「能動的」というのは、「能動態」という意味だけに限定されず、「動きが目に見えるような、生き生きしたムード」というような意味だと考えるとわかりやすい。同様に、「受動的」という概念も「受動態」に限定されない意味で使われている。

ステレオタイプとしての「学者の文章」に合わせることで安心するということなのだろう。

　でも、受動的な文章は、案外簡単に直せる。気をつけて文章を書いていれば、受動的な文は減らすことができる。

　たとえば、notを使って否定するのではなく、否定的な意味を内包する動詞を使って否定することで、生気を失った文をよみがえらせることができる。また、読んでいる最中にnotを見落とすというのはよくあることで、そのせいで文の意味を間違って理解してしまうことも珍しくない。notを使わずに文を書くことで、文は短くなるし、言いたいことが生き生きと伝わる。

> Before　〔notを使用〕
>
> People often do not see *not* when reading and thus do not understand your sentence.
>
> （人というのは、読んでいる最中はnotを見ないことが多く、そのせいで文を誤読したりする。）
>
> After　〔missを使用〕
>
> People often miss *not* when reading and thus misunderstand your sentence.
>
> （人というのは、読んでいる最中はnotを見落としがちで、そのせいで文を誤読したりする。）

　自分の書いた文章を読んで、不定詞の「to be」を片っ端から丸で囲ってみるのもよい。beではなく、もっとよい動詞を思いつけないだろうか。ほとんどの動詞には、beingの意味もあるから、たいていの「to be」は、動的な動詞で置き換えられる。

第 5 章　文体について

「to be」が使ってある箇所の少なくとも 1/3 は変えてしまおう。

　心理学でよく使われる表現には、to be 〜 ive of のかたちをした受動的きわまりない表現がいくつもある。どの雑誌も「〜ive」の洪水で、研究結果は重要であることが示され（indicative of）、理論にはその歴史的文脈が反映され（reflective of ）、仮説はデータによって支持されている（supportive of）、といった具合だ。こうした受動的な書き方は、大仰に開き直っているようにしか見えない。執筆者というのは、ごく普通の能動的な表現でなく、妙な受動的表現を選びたがるものらしい。でも、「結果」なら the results indicate の方が、「説」なら the theory reflects の方が、「データ」なら the data support の方が、ずっとよい。to be 〜 ive of という表現は、動詞表現に変えてしまおう。

- to be indicative of = to indicate
- to be reflective of = to reflect
- to be supportive of = to support
- to be implicative of = to imply

僕は、is confirmative of という表現さえ見た覚えがある。記憶違いであることを祈るばかりだ。

　冗長な表現も、気を抜くとすぐに文章にまぎれ込んでしまう。僕が最近読んだ論文には、態度というものが「emotional in nature（本質的に〔「自然状態で」という意味にもなる〕感情的）」だと書いてあった。このくだりを読みながら、僕は、もし自然状態で（in nature）態度が感情的なのなら、捕獲状態（in captivity）だったらどうなのだろう、捕獲状態のパンダが繁殖（reproduce）

するように、態度も再生産（reproduce）されるのだろうか、などと考え込んでしまった。「in nature」を使う心理学者は、たぶん、自己形成の時期に、微妙に堅苦しい表現がとびかう映画『Out of Africa（愛と哀しみの果て）』を見過ぎたのだと思う。書き上がった文章を『ナショナル・ジオグラフィック』に投稿する予定でないなら、「in nature」を使うのはやめておこう。形容詞は、ものごとの性質（natures）を描写するわけで、「in nature」は常に形容詞的に理解される。この例をふまえれば、なぜ「in a ~ manner」がまずいのかは明らかだろう。「people responded in a rapid manner（人々は、迅速なかたちで応答した）」ではなく、副詞を使って「people responded rapidly（人々は、迅速に応答した）」と書いて、manners（お作法）をめぐるドタバタに巻き込まれないようにすること。

　能動的な文でも、弱々しく、精彩を欠くことがある。心理学でよく見かける論文の書き出し部分を挙げると、「Research shows that ~（研究からわかるのは~）」「Recent studies indicate that ~（最近の研究から示唆されるのは~）」「Many new findings suggest that ~（多くの新規な知見から示唆されるのは~）」「A monstrous amount of research conclusively proves that ~（大量の研究から結果的に例証されるのは~）」などがある。こうした表現が読者にもたらす情報はほとんどなく[*2]、この表現に続く文の後半部分での言及内容から、そうした「Research」「Recent studies」「Many new findings」「A monstrous amount of

---

[*2] 言い換えると、こうした表現には、文後半で述べられる重要な新情報を導くという機能がある。

research」の内容が、論文の論点を補強するものであることがわかるわけである。こうした表現には出番があって、本書でも、経験的事実と個人的見解とを比較対照する場合には、こうした表現を使っている。とはいえ、使わずにすむときには、使わずにすませよう。

　せっかくの強い文が、「However ...,（しかし）」「For instance ...,（たとえば）」「For example ...,（たとえば）」のようなゴツゴツした表現で書き始めることによって台無しになってしまう場合も多い。「however」は、文頭ではなく、文の最初の切れ目部分に移動させよう。

> Before
>
> However, recent findings challenge dual-process theories of persuasion.
> （しかし、最近は、説得の二重過程理論と矛盾する知見が得られている。）
>
> After 〔however の位置を移動〕
>
> Recent findings, however, challenge dual-process theories of persuasion.
> （しかし、最近は、説得の二重過程理論と矛盾する知見が得られている。）

「for example」や「for instance」も、文の最初の切れ目まで移動させた方がよい。なお、「but」や「yet」は、あらたまった文章でなければ、文頭に置いたままでかまわない。とはいえ、切れ目のはっきりしないかたちでhowever を使用すると、重文

のはずだったのが、どこで切れるのかさっぱりわからない文になってしまう。

Before

High self-efficacy enhances motivation for challenging tasks, however it reduces motivation if people perceive the task as easy.
（高い自己効力感は、課題にチャレンジするモチベーションを強化するが、人々が課題を簡単だと受けとめた場合には、逆にモチベーションを低下させる。）

After 〔重文の節の切れ目に、コンマでなく、セミコロンを使用〕
High self-efficacy enhances motivation for challenging tasks; however, it reduces motivation if people perceive the task as easy.
（高い自己効力感は、課題にチャレンジするモチベーションを強化するが、人々が課題を簡単だと受けとめた場合には、逆にモチベーションを低下させる。）

　能動的で生き生きした文を書くのがよい。でも、受動的な文を書いたからといって、うしろめたく感じる必要もない。科学の文章のご多分にもれず、心理学の文章にも、「concepts（概念）」「theories（理論、説）」「constructs（構築物）」「relationships（関係性）」のような非人格的なエージェント（主体）が出てくる。また、「past research（過去の研究）」「cognitive dissonance theory（認知不協和理論）」「the cognitive approach to anxiety disorders（不安症への認知的アプローチ）」のような弱いエー

ジェントが出てくることも多い。頭のなかで、主語やその動作についてのイメージを簡単には描けない場合——たとえば、「a theory making predictions（予測を生成する理論）」「a concept correlating with another concept（他の概念と相関関係のある概念）」「a tradition influencing modern research（現代の研究に影響を及ぼしたある伝統）」などが主語の場合——は、能動的な形式の文を書いても、文はパンチを欠いてしまうし、それはそれでしょうがない。

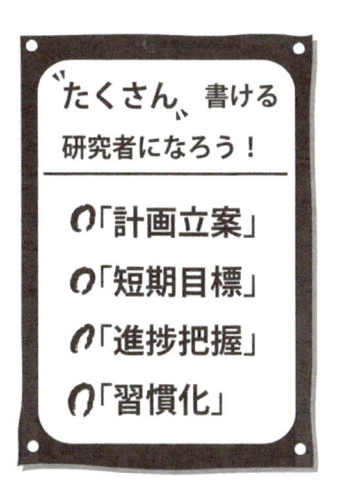

"たくさん" 書ける
研究者になろう！

〇「計画立案」
〇「短期目標」
〇「進捗把握」
〇「習慣化」

まずは書く、後で直す

　文章を紡(つむ)ぎ出すのと、できた文章を手直しするのは、同じ執筆作業であっても、まったく別の側面だと言える。同時に行わないこと。文章を紡ぎ出す目的というのは、とっちらかった荒削りの単語の群れを1枚のシートに落とし込むことだし、文章を手直しする目的というのは、落とし込まれた単語たちをきれいに磨いて、きちんと意味の通った文章にすることだ。ところが、不備な箇所も不適切な表現もない完璧な第1稿を書こうとする人というのもいて、そういう人は、まず間違いなく、文章の執筆が不得手な人だ。そもそも、「完璧な第1稿」を追求するというのが間違っている。文を1つこしらえては5分思い悩み、一度消してもう一度こしらえ、今度は何語か書き換えて、いら

いらしまくったあげくに次の文に進むなどということをしていたのでは、ストレスが溜まってしかたがない。完璧主義に陥ると書けなくなる。それに、1文ずつこしらえていたのでは、文同士がばらばらになってしまう。書くという作業の基本ユニットは、文ではなく段落だ。

　文章のルールが身についていないと困る。でも、せっかく机に向かったというのに、ルールにこだわるあまり、ぎこちない文章しか書けないというのも困る。文章を書きながら手直しするというのは、早朝にカフェイン抜きのコーヒーを飲むようなものかもしれない。高い理想は結構だが、理想には発揮されるべきタイミングというものがある。第1稿は、英語のネイティブではない人が、どこか別の国の言葉で、猛スピードで英語に訳したような文章でよい。書くという作業は、創造する作業と批判する作業のミックスだし、イド（原我）の作業とスーパーエゴ（超自我）の作業のミックスでもある。イドにまかせて、とりとめがなくてもよいから、まずは第1稿を書いてしまおう。書きあげた第1稿をスーパーエゴに評価させて、的確で適切な文章をめざすのは、その後でよい。できあがった第1稿で曖昧な表現や不要な単語を削る作業同様、第1稿を書く作業も楽しもう。

結論

　本章では、自分の文章に関して自覚的になることをめざした。しかし、現状はと言えば、こうした書き方は避けるよう本章で繰り返し述べてきたような困った書き方をするなら、「自らの執筆スキルが低レベルであることについての不正確な自己評価を露呈する個人」が多いのが実情だ。つまり、ジンサーのシンプルな表現を借りれば、「自分の文章がダメなことをわかっている人」は少ないのである（Zinsser, 2001, 19 ページ）。

　貧弱だったり、明晰さを欠いていたり、自信過剰だったり、ひたすら平凡だったりするような論文や助成金申請書ばかりが溢れかえるなか、**力強く明瞭に書かれた文章は必ず輝いて見える**。よい文章というのは一目置かれるものだ。助成金の申請書を審査する人は、明瞭な思考なしに明瞭な文章を書くことなど不可能なことをよくわかっているし、雑誌のエディターは、よい発想がすっきり書かれていることをきちんと評価してくれる。本書の末尾に挙げた本を何冊か読んでみてほしい。**文章を書いたり、手直ししたりする際には、よい文章を執筆するための原則を実践し、不明瞭な表現を使わずに文章を書けるようにしてほしい。**

第6章

学術論文を書く

原則を守れば必ず書ける

心理学の学術誌は、1980年代のハイスクールドラマに必ず出てきた底意地の悪い体育会系男子と、お高くとまった裕福なお嬢様に似た所があると思う。美しい論文と、強靭（きょうじん）な論文以外、おことわりだからだ。学術論文の執筆というのは、嫌気のさすことばかりで、すんなりアクセプト（受理）されることはまずない。たいがいは、文句をつけられ、リジェクト（掲載拒否）される。ようやく掲載までこぎつけても、評価してもらえるとは限らない。研究は楽しくても、研究を論文にまとめるのは難儀なものだ。とはいえ、科学のコミュニケーションが学術誌を介してなされる以上、学術誌向けの論文を書かないわけにはいかない。学会は、旧友に会ったり、まわりの研究者たちの研究動向を知ったりするにはよい。でも、学会発表というのは、査読を経ているわけでも、アーカイブに保存されるわけでもない。研究というプロセスが最終的に出版物のかたちをとるのは当然だろう。

　心理学の研究室にはファイルキャビネットが置かれているが、そこは、生まれ出ることのなかった論文が溢れかえっている場所だ。僕自身、データを論文にしないまま抱え込んでいる研究者を大勢知っているし、「いつの日か発表したい」未発表データを1980年代から貯め込んでいる人もいる。きっと「いつの日か」発表はするのだろう。というのも、心理学という分野は、学術論文のかたちでの発表を特段に尊ぶ分野だし、論文を書き始めたばかりの研究者でも、学術論文の発表方法を学べる資料がたくさん揃っているからだ（たとえば、American Psychological Association (APA), 2009; Sternberg, 2000）。とはいえ、こうした資料の大半は、論文執筆時にモチベーションをどうキープ

するかという難題にこたえてはくれない。

　本章では、僕なりに、学術論文の執筆について、実際に役立つかたちで考えてみたい。説得力のある論文を書くヒントや、酷評や失敗という不可避の事態と向き合いながら執筆を続けるヒントが得られると思う。本章のアドバイスを読んでも、論文執筆作業が大好きになったりはしないだろう。でも、億劫がらずに、より多くの論文を書けるようになるのではないかと思う。

研究論文を書くためのヒント

　学術論文を執筆するのは、ロマンティック・コメディの脚本を書くのに似ている。お決まりのパターンを身につけないといけないということだ。そう言うと奇妙に思われるかもしれない。でも、学会が決めたスタイルには感謝してよいと思う。何が論文のどの部分におさまって、どの部分には絶対におさまらないかさえ身につけてしまえば、論文はずっと書きやすくなる。最新版のAPA（アメリカ心理学会）スタイル（書籍としては、『Publication Manual of the American Psychological Association (APA, 2009)』、邦訳は『APA論文作成マニュアル（第2版）』）を持っていないなら購入すること。

アウトラインの作成と執筆準備

　僕の「文章執筆べからず集」では、「アウトラインを作成せ

ずに文章を執筆してはならない」という項目の順位はかなり高い。「ぶあつい毛糸の手袋をしたままキーボードで入力してはならない」の1つ上、「愛犬を訓練して、僕の話したことを書きとらせようなどとゆめゆめ期待してはならない」のすぐ下くらいだろうか。アウトライン（構成・概略）の作成は、執筆作業そのものであって、「執筆本番」のための前奏曲ではない。スランプに陥って執筆できないという愚痴が出てくるのは、アウトラインを作成していないからだ。やみくもに文章を書こうとすれば、イライラもするし、言葉を紡ぎ出すことの難しさについて愚痴りたくもなる。当然ながら、何を書けばよいのかわかっていなければ、書くに書けない。たくさん書く人は、アウトラインもたくさん書いている。ジンサー先生いわく、「明晰な思考から明晰な文章が生まれる」（Zinsser, 2001, 9ページ）。自分の考えを科学の世界に伝えるのは、きちんと整理してからにしよう。

　アウトラインを作成すると、論文の中身について、いろいろ

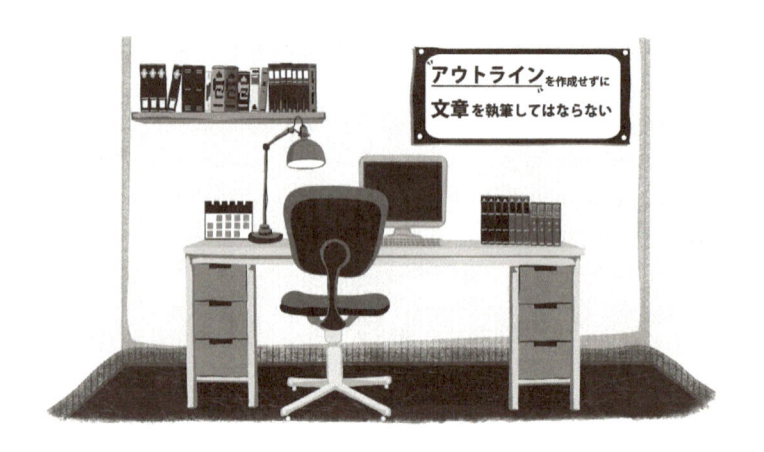

なことを前もって判断できる。どのくらいの長さにするか。先行研究にどのくらいのウェイトを置くか。短報と通常の論文のどちらにするか。こうしたことの大半は、書き手の事情や実際の研究の事情によって決まるとしても、まずは簡潔を心がけるのが吉だ。膨れあがった論文が雑誌にひしめきあう状況が長年続いてきた結果、心理学は、論文は短い方がよいという方向にシフトしつつある。名声の高い雑誌のいくつか（たとえば『Psychological Science』）は、短い論文のみを掲載するようになっているし、最近になって短報のセクションを設けた雑誌もある。短いことはよいことだ。自分が学術論文を読んだときにどう感じたかを思い出してみよう。もう少しで読み終えられる方がよいのか、それともあと14ページ延々この調子で読み続けなければならない方がよいのか。論文1本に、何もかもつめこまないこと。仕事を続けている限り、論文はいくらでも書ける。今回使わなかったアイデアを別の論文に盛り込んでも、そのアイデアを別の独立した論文に発展させてもよい。

　執筆時には、「心の中の想定読者」と相談しながら、いろいろなことを判断するのがよい。論文を読んでくれる読者を具体的に思い浮かべて、彼らに、「「視覚による注意喚起」論と競合する諸理論についてどこまでの説明が必要ですか？」「統計的手法の説明も必要ですか？」「皆さん、私の説明を理解できますか？」などと尋ねてみる。ちなみに、想定読者のメインは、自分の分野の自分以外の専門家、つまり、研究上の関心事項が自分と共通していたり、論文で扱う事項についてもっと知りたいと思っていたりする教員や院生ということになる。論文は、こうした想定読者に向かって書くこと。想定読者には、数は少な

いかもしれないが、学部学生、ジャーナリスト、関連領域で仕事をしている人たち、批評家（ブロガーやユーモア作家など）といった人たちもいる。多くの読者は、英語のネイティブではないのだから、格別意味のない流行の表現を使う誘惑にかられたときは、彼らのことを念頭に置いて判断すべきだろう。「心の中の読者層」のイメージをはっきりさせるには、おおざっぱでよいので、自分が論文を投稿したい雑誌のリストを作成してみること。『Journal of Experimental Psychology: General』や『Psychological Science』は読者層が広いし、『Visual Cognition』や『Self and Identity』は専門家向けだろう。専門家向けの雑誌なら、その分野の各種の理論、知見、方法などを読者がすでに知っていると想定してよいし、専門家ならではの滑らかなトーンで書くべきだ。語っておくことに意味がある内容を力まずに語るイメージが目標ということ。重々しすぎるのも軽すぎるのも禁物だ。

タイトル（Title）と　　アブストラクト（要約、Abstract）

　読者というのは、せっかく論文を見つけても、タイトルとアブストラクトしか読まないものだ。だから、よいタイトルをつけ、すばらしいアブストラクトを書こう。タイトルは、広さと狭さのバランスが肝心だ。何について書かれた論文かわからないようでは困る。かといって、細かすぎると、テクニカルで退屈な論文だと思われかねない。流行や時事関連のタイトルや、笑いを誘うタイトルをつけたくなったら、十年後にどう思われ

るかを考えてみよう。未来の研究者たちは、そのジョークをわかってくれるだろうか。デジタル時代なのだから、読者が論文を見つけるのは、タイトルとアブストラクトが蓄積された電子データベース経由ということになる。

アブストラクトには、論文検索に使ってもらえそうな検索用キーワードをすべて入れておく。僕なら、「self-awareness（自己意識）」についての研究のアブストラクトには、「self-focus（自己注目）」「self-focused attention（自己注意）」「self-consciousness（自己意識）」といった類義語も入れておくようにする。ほとんどの人は、タイトルとアブストラクトを最後に書くようだが、それでよいだろう。

序論（イントロダクション、Introduction）[*1]

序論を読むと、大事な研究か、どうでもよい研究かがわかってしまう。論文のうち、ななめ読みされたり、読みとばされたりせずに、普通に読んでもらえる確率がもっとも高いのが、この序論の部分だろう。この部分は、書き手にとって、もっとも手ごわい部分だと言える。序論には雛形などないと戒める人もいる（たとえば、Kendall, Silk, & Chu, 2000）。とんでもない。雛形は当然ある。優れた書き手は優れた雛形を使うというだけ

[*1] 論文の構成は、分野によっても異なる。ここでは著者の専門分野である心理学の特定分野について説明されているが、他分野の論文を執筆するうえでも役立つはずだ。

のことだ。すぐわかると思う。

・序論は、論文全体の概観（第1部分）からはじめる。この部分は1段落か2段落にとどめる。この概観部分では、研究のきっかけになった一般的な問題、疑問、理論について書く。研究を行うことの正当性を示し、読者の興味を喚起し、論文の枠組みを提示することで読者が論文を読み進めやすいようにするのがこの部分の目的だ。

・概観部分を書き終えたら、第2部分を紹介する見出しを書く。この見出しは、タイトルに似ているかもしれない。この第2部分が、序論の本体部分となる。つまり、ここで、関連した理論について説明し、過去の研究のレビューを行い、研究のきっかけとなった疑問についてより詳細に論じる。見出しや小見出しを道しるべとして使うこと。理論が2つあるなら、それぞれに小見出しをつける。第2部分では、概観部分で説明した問題から脱線しないようにしよう。

・第2部分の後に、「本実験（The Present Experiments）」または「本研究（The Present Research）」という見出しを書く。すでに、ここまでで、問題の概要を提示し（第1部分）、必要な理論や知見についてのレビューを行ったわけだ（第2部分）。読者は、この時点で、あなたの疑問の文脈や重要性をすでに理解している。第3部分では、実験について記載し、その実験がこうした疑問にどのように答えてくれるのかについて説明すること。この部分には、1〜4段落を要するかもしれない。この部分の後ろに、方法などのセクションの最初の見出しがくる。

この雛形では、論文で扱う問題に読者をいざない（第1部分）、この問題に関連して理論や研究のレビューを行い（第2部分）、当該研究がいかにしてその問題を解決するかを明瞭に述べる（第3部分）。その結果、読者は、明瞭な道筋に沿って読み進むことができるし、執筆者も脇道に迷い込まずにすむ。この雛形には例外もあって、短報の場合は、第1部分から第3部分までをまとめて書き、見出しをつけないかたちで十分だろう。とはいえ、この雛形は、たいていの論文に使えると思う。

序論というのは、研究を紹介する場所である。研究で扱った問題について、いろいろな人がこれまで言及してきたすべてを網羅的にレビューする場所ではない。短報なら、明晰な序論が2〜3ページあればよい。ちなみに大言壮語気味の書き手の投稿には、序論が12〜20ページも続くものまである。通常の研究論文では、序論は10ページ以下にとどめること[*2]。

方法（Methods）[*3]

方法（Methods）のセクションは、地味なセクションだ。でも、このセクションを読めば、手堅い研究が行われたかどうかがわかる（Reis, 2000）。方法のセクションがきちんと書かれて

[*2] これは心理学でもかなり特殊な分野の場合であって、他の分野（たとえば生命科学）では、この半分以下でよいだろう。

[*3] 他の多くの分野では、材料と方法（Materials and Methods）となる。

いれば、他の研究者は研究を再現できる。序論と同じく、方法のセクションにも雛形があり、いくつかのサブセクションに分けて書くのがよいだろう。最初の「実験参加者（Participants）」または「実験参加者と実験計画（Participants and Design）」のサブセクションでは、サンプルのサイズや特性について説明し、実験計画を説明する。生理学関連の機器類、特別なソフトウェア、反応パッド、音声作動型反応スイッチなどを研究で用いた場合には、「装置（Apparatus）」というサブセクションも必要になる。また、尺度、検査、評価ツールの組み合わせ、たとえば、神経認知検査、興味関心検査、態度や個人差に関する自己報告型の指標などを使用した研究の場合は、「測定方法（Measures）」というサブセクションを設けるのもよいだろう。

　これらのサブセクションの後に、「実験の手続き（Procedure）」のサブセクションがくる。ここが、「方法」のセクションの中心となる。ここでは、自分が何をし、何を言ったのかについて書くこと。査読者は、「手続き（Procedure）」の部分を丁寧に読むはずだし、故意に隠した事項があると思われては困る。独立変数と従属変数については（つまり、何についてどのような項目を立てて調べたのかについては）、細かい点まできっちり書く。ここでの文章上の目標は、自分が用いた実験手順と、すでに公表されている論文で使用されている実験手順との関係を明らかにすることだ。実験で、すでに使用されたことのある条件操作（manipulation）を用いた場合には、その条件操作がよく知られているものである場合も、過去の代表的な実験に言及しておくこと。自分で立案した条件操作を使用した場合は、似たような条件操作を使用した研究か、論文で使用した条件操作

が妥当なものであることがわかるような研究に言及しておくこと。使用した独立変数が、参加者をいくつかのグループ（たとえば、社会不安の低いグループと高いグループ）に分類する場合には、分類の根拠（カットオフ得点、基準、慣例）についても記載し、同じ分類基準を用いた過去の研究についても言及しておくこと。論文で用いた手続きと過去の研究との関連を明らかにしておくと、研究で使用した方法の妥当性についての懸念が緩和される。

　査読者は、従属変数が、具体的にどのように測定されたのかを知りたいと考えている。従属変数がすでに確立されている場合は、その尺度を立案あるいは使用した論文に言及しておくこと。専門的な検査の場合は、検査のマニュアルと、その検査を使用した最近の論文に言及しておくこと。従属変数が新たなものである場合（たとえば、論文執筆者が作成した自己報告型の尺度の場合）、項目を列挙したうえで、似たような項目を使用した論文について言及しておくこと。自己報告型の尺度については、尺度の値（7点法の尺度なら、1〜7の場合も、0〜6の場合も、−3〜+3の場合もある）と、それぞれの点数が何を示すか（たとえば、1：まったくない〜7：はなはだしい）を列挙しておくこと。生理学的な従属変数や行動に関する従属変数については、用いた従属変数の妥当性を支持するようなこれまでの研究について簡単に説明しておくこと。

　一連の実験を報告する論文の場合には、2つめ以降の実験については、1つめの実験との違いだけを書けば、字数を減らせる。3つの実験すべてに同じ装置を使った場合、装置について3回説明する必要はない。2つめ以降の実験については、同じ

装置を用いたことだけを書けばよい。

結果（Results）

　結果のセクションには、分析内容を書く。初心者は、データの分析内容をありったけ書かねばならないと思い込んでいるようだ。たぶん、学位論文の審査では、そうしたことも問われるからだろう。でも投稿論文では、キレのよさが求められる。論文で扱った問題に関係する結果のみ報告すること。数字や統計学的検定が並んでいるだけの結果のセクションは好ましいとは言えず、明確なストーリーのある結果のセクションの方が好ましい（Salovey, 2000）。結果のセクションは、まず、研究がひとまとまりのものであることがわかる分析内容から開始しよう。このセクションでは、自己報告の尺度の内的一貫性、評価者間一致率の予測、条件操作のチェックの解析結果、データの処理方法などについても書く。

　第二に、分析内容は、論理的な順序で記載する。こう書けばよいという決まった方法があるわけではなく、用いた方法や仮説によって書き方は違ってくる。でも、中心となる知見を、はっきり書き出すように努めよう。サロヴェイ（Salovey, 2000）が薦めるのは、一番おもしろくて大事な知見を最初に書くという方法だ。そして、結果を記載するときには、個々の検査や実験を次から次へと列挙しないこと。検査や実験ごとに、読者に仮説を提示し直し、統計的結果について報告し、それぞれの検査や実験の持つ意味を説明すること。「そんなはずはない。得られ

た知見についての考察は、総合考察で書くものだろう」と反論する初心者がいるかもしれない。でも、それは、学部のときに「研究方法論」の授業で習った内容を誤解しているだけだ。結果のセクションは、数値以外はおことわりということはない。分散分析で有意だった旨を記載して終わりにしたりしないこと。何をどう予想していたのかを説明し、検査や実験の結果を報告し、得られた知見の意味する所を述べること。どのグループが他より高かったのか、得られたパターンは予測と一致していたのかといったことは重要だ。

　第三に、結果のセクションを占領しがちな数字の羅列については、表や図にまとめること。自分が査読を行うときのコメントで一番多いのが、「著者は、記述統計量を表で示すべき」というものだ。実験計画に関しては、平均、標準偏差などを示す表を作成する。さらに、95％信頼区間を示せば、査読者は率直な態度を評価するだろうし、読者は、論文掲載データについて自分で計算して分析できる。相関デザインの場合は、平均、標準偏差、標本数、信頼区間、内的一貫性の推定値、相関行列を示す表を作成すること。こうした情報があれば、読者は、論文のデータにもとづいて、構造方程式モデルを作成し、試すことができる（Kline, 2005）。図と表の両方でデータを示してはいけないという規則はない。図は、データのパターンを見たいという読者向け、表は、混み入った詳細を知りたい読者向けということだ。

考察（Discussion）

　いくつかの研究をまとめて1本の論文に記載するような場合には、それぞれの結果のセクションの後に考察のセクションがくる[*4]。この考察（Discussion）のセクションは、総合考察（General Discussion）より範囲が狭い。この考察では、研究で得られた知見を要約し、論文の中心たる問題にその研究がどのように貢献しているかを論じること。考察では、実験の限界、たとえば予想外の結果や手順の問題などについても検討すること。考察のセクションが結果をまとめるだけの場合は、「結果と考察（Results and Discussion）」のセクションとすることを考えてもよい。

総合考察（General Discussion）

　総合考察では、一歩しりぞいて、論文で得られた知見を、他の理論や先行研究に照らして検討する。書き出しは、扱った問題や得られた知見について簡単に概観する所からはじめる。これは、通常1段落か2段落で十分だろう。よい総合考察には、どれも簡潔だという点以外に、とりたてて共通点はない。論じ

[*4] このように、いくつかの結果と考察のセクションがあり、それらをまとめて総合考察を加えるという体裁は、学位論文を除けば、必ずしも多くの分野に見られる体裁ではない。したがって、ここで総合考察について述べられていることがらが、考察に該当する分野も多い。

るべき内容は、扱った問題、用いた方法、研究領域などによっておのずと決まるものだ。自分が総合考察をどのように読んでいるかを想起してみよう。ななめ読みをしているだろうか。とばして読んでいるだろうか。それとも研究の枝葉末節についてのダラダラとした説明にいやいやつきあっているだろうか。ということで、総合考察は、序論より短くなるようにしよう。最終段落で論文全体の結論をまとめるかたちで、総合考察を締めくくるのもよいだろう。

　学部の「研究方法論」の授業では、総合考察の最後の部分で論文の限界について述べるよう教わったはずだ。学位論文の審査委員会も、そうした部分があった方がよいと考えているだろう。自分の論文の限界についてきちんと述べるというのは、教育的な訓練としてはたしかに有用かもしれない。でも、専門家の読む学術誌への投稿論文では、そうした記載は無意味なことが多い。あらゆる研究には、限界というものがある。サンプルがもっと数が多くて、典型的だったら申し分なかったろうし、別の尺度も取り入れられれば、それにこしたことはなかっただろう。標本数を増やし、尺度も変更した研究をさらに行えれば、パターンが違う結果が得られたはずだというのも、もっともな話だ。でも読者をあなどってはならない（研究にこうした限界がつきものだということは、読者全員が知っている）。研究領域ゆえの限界というのも、もちろんある。認知心理学者は、自分たちが人工的なコンピュータベースの課題を用いていることを承知しているし、社会心理学者は、自分たちが学部学生という手近なサンプルでお茶を濁していることを百も承知だ。つまり、専門家には、論文というものがその専門分野共通の限界を

内包することがわかっている。当然のことをわざわざ記述するのは時間の無駄というもの。その分の字数で、その研究ならではの限界について述べよう。ただし、自分の研究の限界について述べっぱなしにするのではなく、そうした限界が想像されるほどの問題ではない理由についても明らかにすること。

引用文献（References）

　引用文献のセクションでは、論文で展開した発想の数々に影響を及ぼした文献・資料などを挙げる。研究が科学という現場に位置づけられている以上、引用文献からは、論文執筆者が自分の研究について何をどう考えているかが透けて見える。掲載する引用文献は慎重に選択すること。ゆめゆめ、論文の内容に関連して読んだ文献をすべて挙げたりしないこと。未読の書籍や論文に言及することも禁物だ。実際にその文献を読んだことのある専門家なら、孫引きを指摘することなど朝飯前だ。引用文献のセクションには、序論のような華やかさや、結果部分のような骨太さは不要だが、このセクションはきちんと書かれている必要がある。僕は、査読者という立場で、引用文献のセクションが手抜きのケースを山ほど見てきた。だらしのない執筆者は、アメリカ心理学会（APA）スタイルに規定された文献スタイルを無視してはばからないどころか、本文中で言及した文献を落としても平然としている。「たかが引用文献くらい大した問題じゃない」という具合なのだろう。不出来な文献リストは、周囲の友人の目には、手抜きくらいにしか見えないかもし

れない。でも氏名不詳の査読者には、最大限頑張っても、それくらいの文献リストしかつくれなかったと見なされる。氏名不詳の査読者による批判の目にもさらされる。

　書き慣れた執筆者は、引用文献を利用して、自分の望む査読者にあたる確率を高めるという。誰に査読を頼めそうかを考えるエディターが、引用文献のセクションを開いて、誰の文献が引用されているかを見ることも多いからだ。この工夫が功を奏するかどうか自信はない。しかしマイナスに働くこともないだろう。なお、自分の最新論文には、自分自身の過去の論文も文献として引用しておくこと。自分の文章を引用するのは驕り高ぶりで、恥ずべきことだと考える執筆者はたしかにいる。僕も、自分の文献を引用するのをためらう執筆者に会ったことがある。でも、彼らは例外なく初心者だった。自分の過去の研究を引用すれば、自分の最新の論文が、これまで積み重ねてきた仕事とつながる。もし、誰かが自分の仕事に関心を持ち、最新の論文を読んでくれたとすれば、その人が、他の論文も読みたいと考えてくれる可能性は高い。自分の文献が引用してあれば、その読者は過去の文献に容易にたどりつける。

原稿を投稿する

　明瞭で完成度の高い原稿がしっかり書けたら、雑誌への投稿準備が整ったということだ。「まずは投稿しておいて、再投稿時にあらためて整理しよう」と考えているなら、その考えは直ちに撤回して、推敲を開始すること。落ち込むのが趣味だとい

うならともかく、ラフな原稿を雑誌に投稿するのは禁物だ。完成度の高いパリッとした原稿は目を引くし、査読者にも丁寧に読んでもらえる。エディターからすれば、論文の修正にあたって、作業を迅速かつしっかり進めてもらえると確信できる。原稿を投稿する前に、投稿する雑誌のウェブサイトに掲載されている投稿規定を読むこと。雑誌によって投稿のガイドラインはまちまちだから、指示された内容は丁寧に読んでおく必要がある。たいていの雑誌は、メールや投稿サイト経由での電子投稿を受け付けてくれる。

どういった方法で投稿するにせよ、エディター宛てのカバーレターが必要になる。簡潔で定型的なレターを書く人も、投稿論文の長所や重要性を長々と説明する人もいる。どちらに好感を持つのか、メジャーな雑誌のエディター経験のある友人何人かに尋ねてみると、簡潔なレターの方に全員一致で軍配があがった。ただ、原稿のタイトル、著者のメールアドレス、原稿が他の雑誌などで査読中ではない旨の通常の確認、データがその分野の倫理規定に従って集められたものである旨の記載など、定型的な事項の記載は必要だ。「カバーレターは、投稿用ウェブサイトの仕様によっては読めないため、読まないことも多い」と答えてきた人（アソシエート・エディター）も、「自分が説得されたいのは、投稿された原稿の内容そのものであって、原稿について述べたカバーレターではない」と答えてきた人もいた。

カバーレターでは、査読者の候補を挙げたり、査読者から特定の人々を外してもらうよう提案したりすることもできる。エディターの友人からは、査読希望の友人や関係者のリストよりは、査読回避希望のリストの方に意味があるという話も聞いて

いる。投稿雑誌のアソシエート・エディターの誰かに、査読者になってもらいたいこともあるだろう。その場合、エディターにその旨依頼することはできるはずだ（ただ、僕の数回の経験では、依頼した人に原稿がまわったことはない）。

査読結果を理解し、再投稿する

　古い『Child Development（児童発達）』誌のページをめくりながら、1970年代のはじめごろの編集後記を読んだことがある。エディターが査読のプロセスについて説明しているのだが、それによると、返答期間は6週間だったという。考えてもみよう。40年前は、著者がぶあつい紙の束をエディターに郵送し、エディターがそのコピーを査読者に送り、それを読んだ査読者がタイプライターでコメントを書き、スタンプを押して、査読結果をエディターに返送し、受け取ったエディターはレターをタイプして、ファイル綴じこみ用のカーボンコピーをとり分けて、レターと査読結果を著者に送っていた。今日、著者とエディターと査読者はウェブを介してやりとりする。最先端の投稿管理サイトを使って、投稿や返答を管理する場合も多い。かくして、郵送による遅れは回避される。査読結果を待ちつつ、テクノロジーに感謝しよう。

　エディターから届いた通知書には、通常、エディターによる査読者の意見の大事な点についての要約と、原稿の扱いについての判断が記載されている。判断には3種、つまり原稿をアクセプトするという判断、再投稿を待つから扉は開かれたままに

しておくという判断、そして扉は閉じられたという判断の 3 種がある。

・アクセプトの判断については、解釈に迷うことはないはずだ。エディターからは原稿をアクセプトする旨が伝えられ、いくつかの様式に記入を求められる。いくつかのマイナーな変更を条件として、投稿がアクセプトされることもある。しかし、一度めの投稿でアクセプトされることはめったにない。気に入った原稿の場合でも、エディターは、原稿を短くしたり、追加情報を求めたりするものだ。ただ、エディターによっては、ときどき変更なしで投稿をアクセプトすることもある。その意味でも、最初からきちんとした原稿を投稿しておくこと。

・再投稿の扉が開かれている場合、エディターは、修正された原稿について再考するつもりでいる。このカテゴリーは幅が広い。アクセプトする方向性が示唆された元気の出るレターの場合もあれば、一筋縄ではいかない修正の必要が察せられる残念なレターの場合もある。扉が大きく開かれている場合、修正はたやすい。一部の書き直しや、情報の追加ですむ。扉がほんのわずかしか開かれていない場合の修正は大変だ。データを増やしたり、研究を概念ベースから再考したりすることが求められる。場合によっては、大幅に修正した原稿が、新規投稿として受け付けられることもある。

・再投稿の扉が閉ざされた場合、エディターは、その原稿を二度と見たくないと思っている。こうしたリジェクトの

場合、エディターは、原稿を別の雑誌に投稿した方がよいと考えている場合もあれば、どうやってもその原稿は生きないからシュレッダーにかけた方がよいと判断している場合もある。扉が閉ざされた場合、エディターにさからって再投稿しないこと。

　研究者として経験を積んでいても、修正した原稿をエディターが再考するつもりがあるかどうかについての判断は難しい。「掲載拒否（リジェクト、reject）」という言葉自体は、必ずしも「再投稿不可」を意味しない。アクセプトしない原稿のすべてに「リジェクト」という言葉を使うエディターも多いし、その場合、最初の投稿がリジェクトされても、修正さえすればアクセプトの可能性はある。僕の見立てでは、もめごと嫌いのエディターは、一見扉が大きく開いているように見えるレターを書くようにも思う。いわく、「新たな実験３種を実施し、序論と考察を書き直した原稿を再投稿していただければ」。判断に迷ったときには、査読の結果を友人に見てもらったり、エディターに短いメールを送って、査読結果の明瞭化を求めたりするのがよいだろう。

　再投稿の扉が開いている場合には、再投稿の準備を行うかどうかについて考えよう。エディターは、新たなデータや新たな分析、それどころか全面書き直しを望んでいるかもしれない。それだけの手間をかける意味があるだろうか。判断にあたってのデフォルトは、再投稿に向けて必要な作業を行うという方だろう。リジェクトされる率はどの雑誌も高いことを覚えておこう。再投稿の誘いを受けたということは、リジェクトの魔の手

をすり抜けたとも言える。権威ある雑誌に投稿しているのであれば、実験の追加などの手間がかかっても修正した方がよい。原稿の優先順位が低い場合には、データ集めにさらに時間をかけるより、別の雑誌に投稿した方がよいこともある。

　修正して再投稿することにした場合、修正に向けて計画を立てる必要がある。エディターのレターと査読内容を検討して、行うべき作業を整理しよう（「行うべき作業」であって「行ってもよい作業」ではない。「行ってもよい作業」をリストアップしていたのでは、泥沼に陥ることになる）。行うべき作業というのは、修正が必要とされる箇所のことだ。エディターのレターと査読結果を読んで、修正について触れたコメントに下線を引くこと。文面の修正（追加、削除、書き直し）の場合も、分析内容の変更の場合もあるだろう。大幅な変更（実験の追加や削除）の場合もあるだろう。査読結果が散漫だったり冗長だったりすることも多い。文面は長いのに行うべき作業が少ししかないこともある。ともかく、行うべき作業を特定したら、作業はすぐに終わらせてしまおう。第3章でも述べたが、修正というのは優先順位が高い。論文になって発表される日も近いのだから、ここで手を緩めないこと。60日、90日といった修正原稿提出期限を示すエディターもいる。

　再投稿時にも、カバーレターが必要になる。このレターには、批判やコメントに対してどう対処したかを書く。主要な修正事項に絞って短いレターを書くべきだろうか。それとも、すべての修正内容を網羅したリストを作成すべきだろうか。雑誌のエディターを対象とした僕の非公式調査では、全員一致で、長くて詳細なレターの方に軍配があがった。回答してくれたエディ

ターのほとんどが、貧弱なレター（たとえば、「いろいろ修正した、今度は大丈夫だと思う」）を書く著者、修正を全面的に拒否する著者、修正したことがらについては説明するのに、なぜ査読者のコメントの一部を無視したのかについては一切触れない著者などについてぼやいていた。修正箇所と非修正箇所を正確に示す詳細なレターがあれば、エディターは、修正原稿をアクセプトしやすくなる。

　再投稿時のレターは、詳細で、きちんとした構成のものとする必要がある。修正箇所について率直かつ網羅的に説明すること。論文をたくさん発表している人は、再投稿時のレターも見事なものだ。変更点のメリットを説得力のあるかたちで説明し、フィードバックされた内容をきちんと取り入れるまじめな研究者であることをエディターに対してきっちりアピールしてくる。簡単に言えば、曖昧なレターですませば、隠しごとをしているように見えるし、長くて詳しいレターを書く著者は、真摯で前向きに見えるということだ。礼儀正しい専門家らしいレターを書くこと。いいかげんな査読者に文句をつけたり、けんか腰の査読者に対して自らの名誉を主張したり、統計操作のスキルを誇示したりしないこと。そうしたことを書きたくなる気持ちはわかる。でも、ここは科学で優位に立つべきだ。

　論文をたくさん発表してきた同僚や、エディター経験のある同僚の書いた説得力のある再投稿レターを、僕はひそかに集めてきた。ということで、何をなすべきかについてをアドバイスしたい。

・再投稿のレターでは、まず、エディターに対し、コメントや、修正原稿を投稿するチャンスをもらったことについて、謝意を表すること。修正なしでのアクセプトを望んでいたとしても、リジェクトという厚い壁はなんとか突破したのだから。

・修正箇所は、いくつかのセクションに分け、各セクションに見出しをつける。査読者ごとに分けて書く人も多いようだ。典型的な構成では、各セクションの見出しの後に、第1査読者のコメント、第2査読者のコメントというふうに続けていく。見出しごとに、査読者に指摘された内容を、番号をつけて十分に説明する。番号をつけて箇条書きにすることでレターを簡素化できるし、すでに説明した内容にも簡単に言及できる。たとえば、両方の査読者から、用いたサンプルについてもう少し詳しく説明するよう求められたとしよう。この場合、第1査読者のコメントについての部分でこの点について説明するのはもちろんのこと、第2査読者の部分でも、この点について説明する必要があるわけだが、簡単にコメントの内容に言及したうえで、すでに書いた説明部分の番号を書いておくだけで十分だ。

・それぞれの修正箇所については、3部構成で説明しよう。まず、コメントや批判点を要約し、次に、そのコメントに対して自分がどう対処したかを説明するが、その際には、できるだけ原稿のページ数を具体的に記載する。最後に、その対処によって、コメントの内容がどう解決されたのかを書く。

・エディターは、査読時に提案されたすべての指示に従う

ことを期待しているわけではない。でも、従わなかった理由の説明は期待している。著者が些細な変更（小さな表2つをもっと大きな表1つにまとめるとか、原稿の分量を1割削るなど）を頑強に拒否しているレターを見たことがあるが、戦いの場は選んだ方がよい。コメントに従わない場合は、コメントに従わなかった理由を丁寧に説明すること。
・専門家としての矜持(きょうじ)は大切。へらへらと媚(こ)びないこと。エディターは、別に査読者が天才だと思っているわけではないし、査読者のコメントについて、著者から、さすがだとか、すばらしいだとか、明晰だとか称賛されることを期待しているわけでもない。自分がエディターの立場だったらどうだろう。ご機嫌取りのようなカバーレターに納得するだろうか。それとも「みっともない」と感じるだろうか。

再投稿時にきちんとしたレターを書ければ、まじめな研究者であるように見える。実際そうなのだろう。批判に対して建設的に対応する研究者の論文は刊行されてしかるべきだ。僕の場合は、原稿を直すより、再投稿のレターを書く方が時間がかかることもある。以前の原稿（Silvia & Gendolla, 2001）を再投稿したときのレターは3,200ワードだった。ちょうど本書の第5章くらいの長さということになる。僕の論文には、このレターよりも短いものもある。

「でも、リジェクトされたら
どうすればよいのですか？」

　ネガティブなフィードバックを受け取ったり、投稿論文をリジェクトされたり、そもそも何かを間違えること自体を恐れる人は多い。なるべく高いレベルで目標を達成したいという願望の背後には、成功したいという願望と、失敗を避けたいという2つの動機が隠れているものだ（Atkinson, 1964）。こうした動機は状況に応じて存在感を増すわけだが、学術論文を書いているときというのは、どうやら、失敗回避の願望ばかりが前面に出てくるらしい。リジェクトされたときのことばかり考えている人は結構いるし、論文を書き始めたばかりの初心者は、特にそうだ。エディターに何を言われるかとビクビクし、査読者が原稿を読みながら顔をしかめる様子を想像し、リジェクトを知らせるメールが届いていないか恐れおののいている初心者は多い。

　失敗回避願望が強いと、「でも、リジェクトされたらどうしたらよいのですか？」といった問いが出てきがちだ。しかし、論文というのは、そもそもリジェクトされるものだし、リジェクトされるという前提に立って書かれるべきものでもある。結果のわからない状況で意思決定を行う場合には、それまでの結果にもとづいて予測するのがもっとも合理的だというのは、意思決定をめぐる諸説の教える通りだろう。ある雑誌が投稿の8割をリジェクトするなら、アクセプトされる確率は2割だということになる。つまり、他に情報がないなら、投稿論文がアクセプトされる確率は2割しかないというのが合理的予測というものだ。リジェクトされる率が5割未満の雑誌がない以上、自分

が投稿する論文はリジェクトされると仮定しておくのが唯一の合理的な結論だし、僕の揺るぎなき合理性の信念は、山ほどのリジェクトの通知を受け取ってきたことで裏づけられる。

　「そんな暗い話をされても……。最初からリジェクトされるとわかっていて、どうやって文章を書こうという気持ちになれるんでしょう」という向きもあるかもしれない。しかし、ちょっと待った。まず、執筆作業に関しては、書きたいと思うかどうかは、そもそも関係ない。心が「晴れて」いようが「曇って」いようが、執筆スケジュールは守る。それだけのことだ。第二に、初心者は、リジェクトをくらうのが自分たちだけだと思っているようだが、そんなことはない。論文をたくさん書いている研究者は、たくさんリジェクトされている。心理学分野で論文数がトップクラスの人たちは、毎年、他の人の10年分以上の数をリジェクトされているはずだ。リジェクトされる率については、そんなものだろうと思う。投稿後に何が起こるかについて特に不安もないし、投稿原稿がリジェクトされてもそんなに悪い気がするわけでもない。ただ、原稿を書き終える前に、自分の文章が印刷された光景を夢想するような無駄なことはしないようにはしている。

　リジェクトされてもともとだと思った方が、よい原稿が書けるかもしれない。過度に失敗を恐れなくてもすむからだ。失敗の回避ばかりを気にして書かれた文章は、どこか頼りなげで、曖昧で、守りに入った文章になってしまう。よく見せようというのでなく、悪く見えないことのみに腐心しているとでもいうのだろうか。ビクビクした雰囲気というのは読者にも伝わってしまう。一方、必ずや成功をつかもうという気概で執筆された

文章は、抑制がきいていて、書き手の自信が伝わってくる。研究の意義がしっかり強調され、重要性も確認され、自信が説得力というかたちで展開されている。

さて、査読者が投稿された論文に対して悪意を持つことがあるかどうかという点だが、たしかに、そういうこともあるだろう。下記に挙げるのは、僕が最近受け取ったリジェクトの激烈なコメントの一部だ。エディターによる査読内容の要約は、以下のような具合だった。

> 双方の査読者とも、この原稿は論文発表の水準を満たしていないと判断した。査読者の1人は、原稿が何ら意味のある貢献をしておらず、対立する諸理論を曲解し、研究で得られたエビデンスとの関連が不十分な結論を示し、しかも不正確な書き方で台無しになっていると考えている。もう1人の査読者は、原稿が、完全かつ正確なモデルにのっとっておらず、裏づけのない主張を行い、一般的に認められている重要な研究やアイデアについて言及せず、ずさんな理論的仮定や批判を行っていると考えている。

ということで、これがエディターによる心の込もった査読の要約だった。ちなみに、片方の査読者には悪意があったと思う。だけれども、それはそれでかまわない。僕は、この査読結果から作業事項を抽出し、原稿を修正し、別の雑誌に投稿した。リジェクトされる率から考えると、この投稿も、たぶんリジェクトされるだろう。

リジェクトというのは、えてして、不公平で、悪意があって、

第 6 章 学術論文を書く

説明が足りなかったりするものだ。エディターや査読者が、原稿を雑にしか読んでいないのがバレバレのこともある。しかし、エディターに文句を言うのは我慢しよう。エディターに怒りの手紙を書いて、査読者が怠惰で不適格だと非難した人の話も聞いたことがある。でも、エディターというのは、たいてい、査読者と友人だったりもするわけで、こうした手紙で事態が改善されることはまずない。怒りをぶちまける手紙を書くだけ書いて送らないという方法を薦める人もいるけれど、イライラがつのるだけだろう。「決まった執筆時間」をガス抜きに使うのはもったいなさすぎる。同じ時間を使うなら、論文の修正に使おう。世界は不公平だ（$p < 0.001$）。ということで、査読からは、生かせる部分を生かそう。論文を修正したら、別の雑誌に投稿すればよい。

たくさん書くためには、リジェクトと刊行についてのイメージを変えるべきだろう。リジェクトというのは、刊行に際しての消費税のようなものだ。刊行論文数が増えれば、リジェクトの数もその分だけ増える。本書で説明する知恵や工夫を生かして、リジェクトされた論文の数は学科一というような書き手になろう。

「でも、何もかも変えろと言われたら どうすればよいのですか？」

学術誌というのは、科学の公的記録に他ならない。投稿された論文はきちんと中性紙に印刷され、図書館の書棚のしかるべき場所に、将来にわたって、つまり永久に保存されることにな

る。各研究が他の研究ときちんと関連づけられ、扱った問題がはっきり特定され、データが適切なかたちで分析され、自分自身や他の研究成果についてのミスリーディングな記述がない方が、科学の発展にとっては好ましい。学術誌は、心理学研究者が個人的な意見を披露する場ではないし、意見交換なら、ニュースレターや会議がある。科学では、発表された研究が高い水準を満たしていることが大事なわけで、査読は、そのための品質管理として必要とされる。論文は修正を求められるし、変更内容が多岐に及ぶことも多い。それが気に障る人は、刊行された論文が、例外なく、最初の原稿よりよくなっているという話は、聞きたくもないだろう。雑誌で発表された研究は、最初の原稿と比べれば、ピントが絞られ、慎重で、配慮が行き届いたものとなっている。査読は、著者にとっては煩わしいかもしれないが、科学の使命の中核を担っている。

共著論文を書く

　研究プロジェクトを遂行するには、村1つ分のチームが必要なこともある。でも、その全員が論文執筆に手を出すようなことはやめた方がよい。僕は、著者が数人いるような論文をどうやって書くのかについて大勢の人たちに尋ねてみたのだが、ほぼ全員の答えが、著者の1人が執筆の大半を担当するというものだった。著者たちは集団でアウトラインを整理、確認するのだが、文章を書くのは誰か1人。論文ができたら、著者全員が読み、コメントし、必要に応じて一部を書き直すのだという。

変形例として、部分ごとに別の著者に割りふるケースもあるようだ。普通、方法と結果のセクションを誰かにまかせ、それ以外の全部を1人が書く。もっとも、文字通り一緒に書いたというケースもあるにはあって、コンピュータの前に椅子を2つ並べ、何を書くかを決めながらキーボードで入力していったという。別のケースでは、同僚と2人で同じ部屋にコンピュータを並べて、助成金の申請書を書いたそうだ。このシステムでは、申請書の問題点を一緒に解決し、互いに質問をぶつけあったらしい。結果的に何人か論文に手を入れておくことが必要な場合もある。

　誰と一緒に書くかについては注意が必要だ。誰が執筆を担当するのかを打ち合わせずに、共同研究に参加しないこと。共同研究者が気分屋の「一気書き」派なら、論文を迅速に執筆すると請け合われても、研究について興奮気味に語られても、疑ってかかること。熱狂だけで、仕事はできない。共著者を信頼できない場合には、第1稿を第1著者として自分で書くこと。執筆という大仕事を終えたのに、いつまでたっても共著者からコメントが戻ってこないこともある。共著者に第1稿を渡すときには、「2週間以内に投稿したいので、それまでにコメントをいただきたい」というふうにきっちり締め切りを設定し、デッドラインが過ぎたら投稿してしまうこと。ある友人など、無責任な共著者に「著者からはずしました」というタイトルのメールを送ったという。効果てき面だったらしい。

　無責任な共著者というのは、大学院生にとっては大問題で、特にそのような共著者が指導教員の場合には事態は深刻だ。指導教員が論文を抱え込んでしまったと嘆く院生は多い。院生が

書いた原稿にコメントするのに、何ヶ月どころか何年もかかる指導教員さえいる。院生が指導教員をせっつくのは難しいので、少々工夫が必要だろう。誰か別の人に催促してもらうこと。別の教員、学科長、研究科長などに不安を漏らしてみてはどうだろう。それでもだめなら、本書のこのセクションをコピーして、指導教員の郵便受けに匿名で入れておく。度胸があれば、本書のコピーを原稿に添えて提出してもよいだろう。最終手段としては、指導教員に期限を伝え、自分で投稿してしまう。院生の論文を読んでコメントするのが億劫だというのは、院生の教育や科学の一端を担うことを放棄しているということだ。「4週間以内にこの論文を投稿しなければなりません」とはっきり伝え、1〜3週間後に、再確認するのがよい。

レビュー論文を書く

　研究論文を何本か書いたら、レビュー論文（総説）を書くことを考えるべきかもしれない。レビュー論文は大勢が読む。新しいアイデアを探している研究者、新たな領域を学んでいる学生、講義の用意をしている教員、心理学に何が発信できるかを確認している政策担当者など、いろいろな人が読むのがレビュー論文だ。研究論文は、『APA（アメリカ心理学会）スタイル』に示された雛形さえ身につけてしまえば書くのはたやすいが、レビュー論文は奥が深い。モチベーションの面は、研究論文と何ら変わる所はなく、執筆スケジュールを守るだけのことだ。でも、論文の構成に関しては事情が違う。研究者は、それぞれ目標、

構成、方法の異なる各種のレビュー論文を書いてよい（Cooper, 2003）。雛形はない。

　レビュー論文は多岐にわたっているので、執筆にあたっては周到な計画が必要だ。最初に決めるのは、論文でカバーする範囲だろう。『Current Directions in Psychological Science』のようなレビュー雑誌には、パリッとした簡潔なレビューが載るし、『Psychological Review』『Psychological Bulletin』『Review of General Psychology』のような雑誌には、長くて包括的なレビューが載る。まずは、どのくらいの長さの論文にするのかを決めよう。

　次に、誰に向かって書くかを決める。心理学には、一般的なレビュー雑誌の他に、トピックごとに特化した『Clinical Psychology Review』や『Personality and Social Psychology Review』をはじめとする多くのレビュー雑誌がある。自分の分野の幅広い人々に読んでもらいたいのか、それとも特定の領域の読者に向かって書くのかを決める。

　扱う範囲と想定読者層のイメージを決めたら、中心となるアイデアを展開するアウトライン（構成）が必要になる。レビュー論文には、独自の観点が必要だ。どのようなことが行われたのかを単にレビューするだけであってはならない。最低のレビュー論文は、他の論文の記載内容をつぎはぎしたものだろう。次から次へと、この研究ではコレコレが見い出され、別の実験ではコレコレが見い出され、さらに別の研究ではコレコレが見い出され…というふうに、果てしなく読んでいくのは、乾燥機の中の洗濯物を見ているようなものだ。乾燥機なら、最後に、乾いた洗濯物が出てくるわけだが。自分ならではの観点を展開する

には、独創的な研究者がどのように「問題の解決」と「問題の発見」を区別するのか（Sawyer, 2006）について考えてみるのがよい。問題解決型レビューは、問題（たとえば、論争があったり曖昧だったりする研究領域）を記載し、問題に対する解決策（たとえば、新たな理論、モデル、解釈）を提案する。問題発見型レビューは、新たな概念を展開し、もっと注目されるべきトピックを特定する。よいレビュー論文は、問題の解決と問題の発見の双方を内包している。たとえば、2つの理論の間の対立を解決する作業は、将来の研究に向けた新たな方向性も包含するものだ。どんな問題を解決したいのか？　その問題の解決策から導かれる新たな考えとは何なのか？

　レビュー論文の一番よくある欠陥は、独自の観点が欠如していることだろう。論文によっては、研究を蒸し返すだけで、何がどうなのかという結論がなかったり、競合する理論について書きっぱなしで、どう解決をつけるのかが書かれていなかったりする。こうした欠陥の原因は2つある。

　1つめ。何も新しい考えを持っていないときには、新しい考えを展開することなどできない。よくあることだ。大量の文献を読み終えた後、自分には何一つ新たにつけ加えることがないことがわかるかもしれない。そうした場合、論文を読むのに費やした時間を無駄にしたくないというだけの理由で、無理にレビュー論文を書かないこと。

　2つめ。アウトラインなしでレビュー論文を書く人もいるらしい。山のように論文を積み上げた机に向かい、それぞれの研究についてぼんやりとしたことを書き連ね、論文の最後に短い「批判的まとめ」をくっつける。でも、複雑な作業には、しっか

りとしたアウトラインが必要だし、アウトラインなしでは、執筆者独自の観点など、過去の研究の山に埋もれてしまう。アウトラインなしで文章を書く人は、レビュー論文の執筆などやめて、近所のアニマル・シェルターに行って犬をもらいうけた方がよいだろう。自堕落で不合理な飼い主でもなついてくれるような犬を選ぶこと。自分独自の観点があるなら、わかるように書こう。遠慮は不要。それも、最初の数段落以内に書いておく。レビュー論文の最初の部分では、その論文の中心となる考えについて紹介する。展開しようと思っているオリジナルな観点についても、あらかじめ示しておくこと。レビュー論文を書くときには、ついつい、「まず理論1、次に理論2、それから批判的分析」というふうに時系列で書きたくなる。でも、それはしない方がよい。とにもかくにも情報量が多いのが、レビュー論文というもの。論文冒頭に、きちんとしたアウトラインがないと、読者が困る。レビュー論文は、ミステリー小説とは違う。よいレビュー論文は、1ページめで犯人がわかる。

　レビュー論文は書きにくいと思われている。実際書きにくい。気分次第の「一気書き」をしている人が、レビュー論文をほとんど書かないのも、無理はない。読まねばならない分量も、消化せねばならない分量も、書かねばならない分量も、どれ一つとっても半端ではない。でも、内省的で規律正しい書き手なら、恐れることは何もない。レビュー論文を書くのがどんなに大変な作業であっても、スケジュールさえちゃんと立ててあれば大丈夫。明瞭な目標があって、邪魔の入ることのないスケジュールが立ててあって、書く習慣も体に刻み込まれているのだから、論文の完成は時間の問題でしかない。レビュー論文を書こうと

決めたら、執筆予定時間の一部を使って、アドバイスを仕入れよう。Baumeister & Leary（1997）は、言説を扱ったレビューについての優れたガイドだし、Bem（1995）、Cooper（2003）、Eisenberg（2000）にも、よいアドバイスが載っている。

結　論

　はじめての論文と格闘しているときには、「誰が自分の研究なんか気にするものか」と落ち込むこともあるようだ。世の中全体を相手にするなら、まったくその通りだと僕も思う。誰も君の研究なんかにかまっちゃいない。でも、専門領域の研究者が相手ということなら、自分の論文にも、ある程度関心を持ってもらえると考えてよい。自分と同じようなことに関心のある専門家に向かって、テクニカルな内容の文章を書いていることを忘れずに。執筆した論文は、いごこちのよい「家」が見つかるまで、何度かリジェクトされるかもしれない。でも、よい論文には必ず「家」が見つかる。**よい論文を書くためには、論文のパターンや雛形を身につけ、最初から完成度の高い原稿を投稿し、再投稿時にはきちんとしたレターを用意すること**。学術誌の世界は、おそろしい世界ではないこと──ただおそいだけだということ──がわかってくるはずだ。

第 7 章

本を書く

知っておきたいこと

偉大な心理学者は、その著作によって記憶されている。ゴードン・オルポートやクラーク・ハルの書いた投稿論文を読む人は、まずいない。読むのは、『Pattern and Growth in Personality（人格心理学）』（Allport, 1961）や『Principles of Behavior（行動の原理）』（Hull, 1943）といった著作の方だろう。本章では、本の執筆について検討する。本を書きたいと思っても、実践的なアドバイスとなると、なかなか見つからない。また、投稿論文に関して心理学分野の人々が抱いている固定観念の数々が、本の出版をめぐって書かれた書籍や記事などにも少なからず影響を及ぼしている（たとえば、Sternberg, 2000）。ともかく、本を書こうと思っても、参考になる資料がなかなか見つからないのが実情だ。そのため、本章は、本書の他の章と比べると、個人的な見解を含むことになる。自分で書籍（Duval & Silvia, 2001; Silvia, 2006）を執筆しながら身につけてきたことがらを読者の皆さんと共有しながら、書籍執筆の先輩たちから教わったことがらもお伝えしたいと思う。

　この章をスキップしたいという方もおられるかもしれない。「どうせ本を書くことなんてない」「不出来な論文を書くだけだって精一杯なのに」という所だろうか。でも、どうだろう。本を書くのも他の文章を書くのと同じことだと僕は思う。椅子に座って入力する。それだけ。本の方が論文より時間がかかるとしても、執筆スケジュールを守るだけのことだ。デュヴァル『A Theory of Objective Self-Awareness（客体的自覚理論）』（Duval & Wicklund, 1973）というこの分野の古典の著者）は、助成金の申請書を書きながら、「この申請書を書く時間があれば、もう1冊本を書ける」と言ったという（本当にその通りだと思う。

僕も、最近受け取った助成金の申請書を書いたときの方が、本書の第 1 稿を書くのより時間がかかった）。知の世界では、論文の執筆より書籍の執筆の方が評価される。書籍の方が、論文を書いたり、書籍の分担執筆や本の編集をしたりするより重みがあるということだ。それに、書籍なら、大きな問題にとりくんだり、物議を醸しかねない結論を提示したりすることもできる。

なぜ本を書くのか

　僕の場合、よい本を書いてきた研究者の面々と出会ったことが、本を書こうと思ったきっかけだった。「本を書くって、もしかしたら楽しいことなのかもしれない」と思ったのである。僕は、学部学生のときは、デュヴァルの所にいたのだが、彼の本を読んだその足で、彼と会ってその本の話をするというのは、実に不思議な気持ちがした。カンザス大学で院生をしていたときに会った社会心理学の研究者の多くも、すばらしい本を書いている（たとえば、Batson, Schoenrade, & Ventis, 1993; Brehm, 1966）。ラリー・ライツマンだけでも 20 冊以上は書いていたし（たとえば、Wrightsman, 1999; Wrightsman & Fulero, 2004）、故フリッツ・ハイダーの伝説的著作『The Psychology of Interpersonal Relations（対人関係の心理学）』（Heider, 1958）も、学科で燦然と輝き続けていた。

　人が本を書く理由はまちまちだろう。あるトピックについて自分の考えを整理したかったから本を書いたと語ってくれた研究者は多い。学ぶために書くというのは、複雑な問題を洗練さ

れたかたちで理解するにはよい方法だ（Zinsser, 1988）。本を書き終えたあかつきには、十年分以上の研究アイデアが溜まっているだろう。そうかと思えば、専門書というのは、学術論文を何本も書いたうえでの仕上げだと語ってくれた人もいる。一連の研究に決着をつけるにあたって、それまでの研究内容をまとめておけば、それに刺激されて、他の研究者が残っている問題にタックルできる。さらには、研究の複雑さをそのまま反映させるには本しかないと語る人もいる。たとえば、心理学史の研究者はたくさんの本を書くけれども、それは、本の長さに見合った問題を彼らが抱えている証左に他ならない。人によっては、単純に、本を書くのは楽しいだろうと考える。

　ひょっとすると、書きたいのは教科書ではないだろうか。教えるという作業は、心理学という科学のどまんなかに位置しているし、よい教科書は、学術論文の難解な言葉を日常言語に変えてくれる。心理学には、いつだってよい教科書が必要だ。印税の魅力に惹かれて教科書を書く人は多い。たしかに打出の小槌のような教科書もないわけではない。でも、大半の教科書は、むしろ失敗に終わる。つまり、出版されても、教科書として採用してくれる教員が少なく、出版社から第2版の出版を断られるというケースである。最良の教科書、つまり、よくまとまっていて、野心的で、前向きな教科書であっても、こうして惨敗に終わることが多い。こうしたケースはあまり話題にならないので、消えていく教科書が実際にはとても多いことはあまり知られていない。第2版が出なければ、その教科書は絶版となって、市場から姿を消す。教科書を書きたい理由が「お金」しかないなら、もっと別の理由を見つけること。その理由が、椅子

に座って入力を続けたいという燃えるような情熱でもかまわない。

簡単なステップ2つと大変なステップ1つで本を書く

ステップ1：共著者を見つける

　本を書くのは、浴室のペンキを塗り直すのに似ている。誰かと一緒に作業した方が楽しい。本をはじめて書くときは、共著者を見つけることを考えよう。よい友人で、研究上の関心事も一致する人が何人かはいるはずだ。参加してくれそうな友人がいるなら誘ってみてはどうだろう。共著者がいた方がよい理由は明らかだろう。著者が2人いれば、著者1人より本を早く書ける。あいた時間は他の作業、たとえば原稿を書いたり、研究助成金を申請したりするのに使えばよい。それに、自分と違ったことを研究している共著者と組めば専門知識を補いあえるので、内容豊かな本をつくれる。理由は他にもある。本を執筆していると、本の骨格、編成、まとめ方などで、難しい判断を迫られることも多い。著者が1人しかいなければ、難しい判断も全部1人の肩にかかってくるが、共著者がいれば、事情のわかった唯一の人物として相談にのってもらえる。共著者を見つけられないときや、1人で書く方がよい本の場合は、メンターを見つけよう。本の執筆のあれこれについてアドバイスしてくれる友人や同僚はいないだろうか。

　共著者には、たくさん書ける人を選ぶこと。このことは明白なはずなのに、生産性の高い書き手と生産性の低い書き手が一

緒に執筆作業を行うから惨事が起こる。熱意があることと、執筆作業をきちんと行えることとは違う。一緒に本をつくろうという相手に、本の執筆経験はあるだろうか。学術論文の発表経験はどうだろう。ガンガン執筆できそうだろうか。自分の本や友情をトラブルに巻き込まないこと。「なんで、机に向かって書くだけのことができないんだ」と生産性の高い方がののしれば、「なんで一挙一動に目を光らせるんだ」と生産性が低い方がぼやく。もっとも、こういう組み合わせでも、分業体制について双方が合意できていれば、一緒に本をつくるのも夢ではない。執筆が得意な方が文章を書けばよいし、不得手な方は、アウトラインを整理したり、各章の原稿に注文をつけたり、本の一部を修正したりすればよい。非生産的な共著者に特別な専門分野がある場合には、文章は書かなくても、よい共著者になってくれるはずだ。

ステップ２：本の計画を立てる

　分別のある人でも、アウトライン（構成）を作成することに対してだけは拒否反応を示す人がいる。だが通告しておく。計画なしで本を書くことは不可能だ。本は、アウトラインなしで書くには長すぎる。本を書く最初のステップは、しっかりとした目次をつくること。このステップだけで何ヶ月もかかることもある。目次の作成は、「自分が、この本は何を扱う本だと考えているのか」についてブレーンストーミングしながら行うこと。思いをめぐらせる過程で、自分の考えの階層構造が見えてくるはずだ。上の方の階層に位置する考えが「章」になる。短めの章をたくさん書く人も、数を絞って長めの章を書く人もい

る。ごくごく大ざっぱな目安としては、専門書なら、8章から14章くらいが普通だろうし、教科書なら12章から20章くらいが普通だろう。

　書き進むにつれて、目次は進化していくはずだ。本づくりに没頭していると、新しい考えが浮かんでくるし、それまでの考えを再考することにもなるからだ。新たな章をつけ加えたり、予定より短くなってしまった章2つを1つにまとめたり、長い章を2つに分けたりすることもあるだろう。それはよい。でも、しっかりした目次なしに書き始めることだけは禁物だ。本書について言えば、各章の中身を書き始めるまでに、2ヶ月くらいは目次と格闘していたと思う。

　目次には、各章のアウトラインも書き込んでおく。各章で扱う内容は、数段落以内で説明できるはずだ。章立てのアウトラインが必要な理由は2つ。まず、本を書くのは大変な作業で、各章に何が配置されるのかがわからずに書こうとするのは愚者か物好きだけだろう。各章について延々とアウトラインを書く必要も、自分が述べたい内容をすべて承知している必要もないとはいえ、各章の目的と、各章が本全体の目的にどう貢献するのかについてしっかりとした考えを持っていることは必須だと言える。2つめに、書籍を契約に持ち込むには、脈のある出版社に対して各章の内容を提示せねばならない。持ち込んだ先では、その目次を詳しく検討して、本が周到に計画されているかどうかを判断することになる。

　ペンキ塗りのパートナーが刷毛を洗う作業を手伝えるように、本づくりのパートナーも、アウトラインの作成を手伝える。アウトラインの作成というのは、リアルな執筆作業を含む最初の

段階でもあり、おそらく共著者間で、何を書くのかについて一致できないだろう。それでよい。共著者と一緒に仕事をしていればこそ、こうした不一致が生じるし、共著者間で「取引」もできる。1人で執筆していると、妥協点を見い出す必要もないかわりに、状況が悪化しても、自らが作り出した怪物と向き合わねばならない。共著者と一緒に執筆していればこそ、本の内容、編成、力点の置き方などについて不一致が生じる。いちいち妥協するのは面倒だと思うかもしれない。しかし、苦悩という深みに手をさしのべてくれるのもよい共著者だ。頭が2つあるのは、頭が1つしかないよりずっとよい。

ステップ3：とにもかくにも書く

　さて、本書も、もう138ページ。どんなに鈍い方でも、本書のシンプルなメッセージについては理解ずみだと思う。

　そう、量を書くためには、計画を立て、計画を守らねばならない。それこそが本を書く方法だ。夏を待ってはならない。サバティカルに期待するのは論外だ。サバティカルで1年を自由に使えれば、気の向いたとき以外絶対に書かないような人でも、本1冊のうちの数章分くらいは書ける。だが全部の章を12ヶ月で書き上げるのはまず無理だ。こうした人物の場合、サバティカルを終えて教育、研究、学務といった通常業務に復帰したとたん、本の執筆は難航する。僕も十分鈍いので、このシンプルきわまりないメッセージを、痛い目にあいながら学ぶことになった。僕がはじめての単著（Silvia, 2006）を書き始めたのは、ハンブルグ大学でポスドクをしていた年のこと。静かなオフィスと、ドイツならではの濃いコーヒーが揃っていたのだか

ら、義務や雑用がほとんどない以上、筆が進まないはずはない。気分がのったときだけ書いていても、半年で、本はほぼ脱稿状態となった。でも、スケジュールを組んで書いていたわけではなかったから、常勤の仕事についたとたんに執筆作業は破綻することになった。

　あちこちの章を行き来しながら、楽しい部分だけを書いて、書きにくい部分を先延ばししたくなるのは人情だろう。そうやって書けば、ただの1章も仕上げることなく数百ページだって書ける。ただ、簡単に書ける部分がなくなってくると苦しくなるわけで、章ごとに順を追って書いていくのがよい。「第2章から書き始めて、そのまま順序通り進んで、最後に第1章と序文を書く」というアドバイスを何人もの方からいただいた。これはよいアドバイスだと思う。というのも、本というのは、書き手の意図をすり抜けて一人歩きすることもあるからだ。「目論見通りの本に仕上がったことはない」と語る研究者は多い。「最終的にできあがった本の方がずっとよい」にしても、「こんなに違うものになるとは思わなかった」のだという。読んだことのない本は紹介できない。「これから何を書くか」については、「何を書いたのか」を見届けてから書こう。

　本を書く作業には、膨大な「読む」「調べる」「ファイルする」作業がついてまわる。これまでいただいた最良のヒントに、トピックごとでなく、章ごとに資料を整理するというものがある。本の執筆時には、「あの論文は第4章にちょうどよいはずだ」とか、「この引用で、第8章を締めくくろう」などと、章単位で本のことを考えているはずだ。頭の中の見取り図が章ごとに構成されているのなら、参考資料も章ごとに整理すべきだろう。改

版を数回重ねたある研究者によれば、このシステムだと、次の版の資料整理も楽なのだという。

　論文と同じで、本も進み具合を管理する。長期にわたる執筆プロジェクトでは、何がどうなっているのか、様子がわからなくなりがちだ。本を書くとき、僕は、表をこしらえて、進み具合を書き込んでいる。**表 7.1** は、最初の単著（Silvia, 2006）のときに使っていた記録表で、何章かという番号や、章の見出しを記入できるようになっている。この表に、章ごとのページ数やワード数をなどを書き込んでいったわけだ（研究者は、原稿の長さをページ数で数えることが多いが、書籍編集者や出版社は、ワード数で数えるのが普通なので、両方書いておくのがよい）。表には、計算式が埋め込んであるから、執筆終了部分の合

表 7.1　執筆記録シート。

章	ページ数	ワード数	第1稿	第2稿	章の見出し
1	10	2,770	Done	Done	Introduction
2	23	5,830	Done	Done	Interest as an Emotion
3	41	10,952	Done	Done	What Is Interesting?
4	24	6,596	Done	Done	Interest and Learning
5	32	8,583	Done	Done	Interest, Personality, and Individual Differences
6	23	6,301	Done	Done	Interests and Motivational Development
7	29	7,838	Done	Done	How Do Interests Develop? Bridging Emotion and Personality
8	33	8,892	Done	Done	Interests and Vocations
9	21	5,609	Done	Done	Comparing Models of Interest
10	11	3,003	Done	Done	Conclusion: Looking Back, Lookiing Ahead
引用文献	63	14,269	Done	Done	References
合計	310	80,643			

注：自著（Silvia, 2006）執筆時に進捗状況をモニターするために使っていた記録シート。

計ページ数やワード数も自動的に計算される。第 1 稿（初稿）や第 2 稿（再稿）の進み具合も記入できる。記入事項は、それぞれの本の事情に合わせて変える。たとえば、2 人の共著なら、章ごとに執筆担当者を書き込めるようにすればよいし、章ごとに締め切り日が設定されている場合は（教科書の分担執筆の場合は、そういうケースが多い）、それも書き込んでおく。

出版社を見つける

　本書の「執筆のための参考図書」に挙げた本を何冊か手にとってみれば、多くの研究者が、異口同音に、エージェントや出版社を見つける苦労について語っているのに気づくはずだ。たとえば、ラルフ・キイス（Keyes, 2003）の『The Writer's Book of Hope』には、ベストセラーとなった書籍が、実は、十指に余る出版社に軒並み断られていたという信じがたいエピソードなども載っている。研究者にとって幸運なのは、学術出版は、一般の出版とは事情がまったく違うということだろう。リアルな世界、つまり大学院に進む前に住んでいたような世界では、出版社とコンタクトをとりたい書き手はごまんといるし、どの本も、出版社にとって財政面でのリスクが大きい。一方、学術書というのは書き手の少ない世界なので、学術系の出版社は執筆者の発掘にも熱心だ。それに、出版にともなうリスクも一般書よりは少ない。これは、大学図書館や教科書などの安定したニッチ市場があるのと、長年コツコツ築いてきた読者との関係があるからだ。また、学術系出版社には、非営利の組織もある。よい

本を書いていれば、出版社はあなたに会って本の話をしたいはずだ。

　何章か書き終えたら、書籍編集者とファースト・コンタクトをとる時期だ。ただし、地球外生物のファースト・コンタクトのような乱暴なやり方をしてはいけない。とりあえず、学会や会議の場で、書籍編集者と話してみよう。人混みの中でも、誰が書籍編集者なのかは、すぐに見分けられる。大学教員や学生より身なりがよい人が、本がたくさん載った大きなテーブルの横に立っていたら、それが書籍編集者だ。「えっ、本を売るために来てるんじゃないんですか」と思うかもしれない。たしかに、本を売るのと、本を薦めるのは、出版社が会議にテーブルを出す大きな理由だろう。ただ、学会や会議に書籍編集者が来るのは、本を書いてくれそうな人に接触したり、本を執筆中の人に進み具合を確認したりするためでもある。本のアイデアについて相談しにくる人を彼らは待っている[*1]。出版社のテーブルを探して、執筆中の本について相談できないか尋ねてみること。彼らと話をすることで、元気をもらえるはずだ。書籍編集者は、あなたの話を聞き飽きている執筆サポートグループの仲間とは違う。

　僕の調査に答えてくれた研究者たちは、出版社にコンタクトする前にどのくらい書いておかねばならないかという点に関しては、意見が分かれた。なるべく早く契約にこぎつけたいという人がいる一方で、1冊丸ごと書き上げてから契約をめざすと

---

*1　知り合いの学術書の編集者に聞いたところ、日本も事情は同じようだ。勇気を出して、声をかけてみてはどうだろう。

第 7 章　本を書く

いう人もいる。この判断は、悩み所だろう。契約を結ぶ以前は、執筆について自分自身とだけ取引しているわけだ。自分自身との契約であっても、契約を破るのはよくないことだけれども、それでお金を支払わねばならなかったり、自分以外の誰かを怒らせたりすることはない。でも、契約後は、その本は、オフィシャルで、金銭の動きをともなった存在になる。取引の内容を自分から破れば、職業人としての見識に赤信号がともり、書籍編集者は怒り、前金をもらっていた場合には出版社に借金ができる。取引内容を遵守できる自信が持てるまで、契約書にサインしないこと。僕の場合は、デュヴァルとの共著（Duval & Silvia, 2001）のときには、執筆着手前に契約し、最初の単著（Silvia, 2006）のときは、2 章分を書いてから契約にとりかかり、記念すべき本書の場合には、第 1 稿（丸ごと 1 冊分）を仕上げてから出版社（APA Books）にコンタクトした。

　書籍編集者が本に興味を持った場合には、本の企画書を送るように勧められるだろう。企画書のガイドラインは各出版社のウェブページに載っているはずだが、通常、企画書では、本の狙い、想定読者層、競合する書籍などについて書いておくよう求められる。詳しい目次だけでなく、たいていは、それぞれの章についての数段落分の説明も付記することになる。さらには、何章分かのサンプルをつけることで、本気であることも示すべきだろう。企画書をレビューしてもらえる可能性のある人を挙げるように指示されるかもしれない。出版社は、本の執筆が「言うは易く行うは難し」であることを熟知しているから、著者についてなるべく多くを知ろうとする。はじめての出版の場合、書籍編集者は、何章分かのサンプルを強く求めてくるかもしれ

ない。

　書籍の場合には、学術論文とは違って、複数の出版社に企画書を同時に渡してもかまわない。互いの時間を節約するために、自分の本はその会社からは出したくないというような出版社には企画書を送らないこと。多くのすばらしい出版社、それも著者と丁寧に接してくれることで定評のある出版社が、心理学の本を出している。出版社を探す際には、その本で扱う領域に関して実績のある出版社を見つけよう。その領域に特化したシリーズを出している出版社があるかもしれない。出版社は、受け取った企画書を同業の専門家——たいがいは、その出版社から本を出したことのある人物——に送って意見を聞く。出版社は、その専門家のコメントを送ってくれることもあるし、そうでないこともある。いずれにしても、提案された書籍のイメージがよければ、いくつかの出版社がコンタクトしてくる可能性

がある。

　書籍の契約というのは、大きな取引で、レンタルビデオ屋で署名するような契約とはわけが違う。契約は、しっかり読むこと。書籍の契約に出てくる標準的な事項には、以下のようなものがある。

・契約には、執筆者が原稿を手放して、出版社に手渡す日、つまり納品日が指定されている[*2]。出版社は、納品日を章ごとにずらして設定することもある。たとえば、教科書を出版する場合、特定の月までに、何章分かを渡してほしいというような場合も多い。納品日については、熟考すること。契約日から2年が一般的だ。普段から自分の執筆状況をモニタリングしていれば、自分が1日に書くワード数や机に向かう回数がわかっているはずだ。経験則は大切だ。これまでの記録を使用して納期を決めること。
・印税というのは、著者にとっても、出版社にとっても、もっとも気になる部分だろう。ペーパーバックとハードカバーで印税率が違ったり、売れた数に応じて印税率が上がったりするのは普通のことだ。海外で翻訳が出た場合に著者に支払われる印税率など、印税率についての例外が契約に具体的に記載されていることも多い。献本や新古書などの場合は、著者も出版社も利益を得ることができない。

[*2] 日本の場合、原稿を提出してから出版契約を結ぶことも多く、契約に原稿納品日が指定されていないことが多い。なお、出版契約に関しては、日米の事情は必ずしも同じではない。注記した点以外にも相違点がある。

・出版社は、著者を前金で誘惑し、著者は、その誘惑にのる。これは合理性を欠いている。前金の原資が印税であることをお忘れなく。契約書にサインしたから、ボーナスが出るわけではない。前金が不要なら、辞退すればよい。もし、印税の一部を早めにもらいたいのであれば、前金について書籍編集者と相談するのもよいだろう。印刷所から戻ってきた原稿を校正したり、書籍で使う図版を作成したりする作業を人に依頼する予定がある場合、前金は役に立つ。

・契約には、書籍の図版を作成する際の許諾（他の資料に載っている図版を再印刷するための許諾の依頼）の扱いや、索引の作成について、誰が責任を持つのかについても述べられている[*3]。許諾関係や、図版や索引の作成については、著者が責任を持つ方が一般的だが、教科書の場合、出版社がこうした作業を担当することの方が多い。

・契約には、将来の改版の扱いについても書かれているのが通例だ[*4]。改版を要求する権利を出版社に与える契約が多い。こうした契約だと、著者が改版したくない場合でも、出版社は別の著者に委託して改版できる。この条項は、そう悪いものでもない。著者の死去や引退後も、出版社は販売やプロモーションを継続できるからだ。契約には、将来の改版に際して印税を上げるか、下げるかといったことに

[*3] 出版契約で「転載許諾の方法」や「索引作成の方法」を規定することは、日本の場合には少ない。執筆依頼時の執筆要項などで規定するのが一般的である。

[*4] 「改訂の取り扱い」を出版契約で規定することは、日本の場合には少ない。

ついても概略が書いてあるかもしれない。

・契約には、本の著作権を誰が持っているかも具体的に記載されている。専門書の場合、出版社が著作権を保持しているのが通例だ[*5]。出版社は、絶版となった場合にどうなるかについても記載するだろう。契約では、たとえば、本が6ヶ月絶版だったら著者が増刷を要求できることを明記しているかもしれない。もし、出版社が増刷を断った場合には、出版社は、すべての権利を著者に再譲渡せねばならない[*6]。大事なのは、絶版になった場合には、著作権は著者にあるという点だ。つまり、その場合には、本を修正して、別の出版社から出すという選択肢がある。

・出版社は、契約に、優先的契約締結権の条項を含めようとするかもしれない。この条項は、著者が次の書籍を出版しようとする場合に最初に打診を受ける権利（ただし出版すると判断するかどうかはわからない）が欲しいという条項だ。

細かい作業もたくさん発生する

　めでたく原稿を書きあげたら、書く楽しみからはいったんお別れして、原稿を出版社に届ける作業を開始することになる。

[*5] 出版社は「出版権」を保持するだけで、著者が「著作権」を保持するのが、日本の場合には一般的である。

[*6] 出版契約にこのような権利が設定されることは、日本の場合にはほとんどない。

この作業も充実感がある。書籍編集者からは、出版に向けてのガイドラインが送られてくるはずだ。この段階では、許諾書類を集め、内容も見映えもよい電子図版を作成し、原稿執筆段階で積み残してしまった箇所や不十分だった文献の穴埋めをする。出版社からは、著者や書籍に関する情報を記入するための詳しい著者向け質問状が送られてくるだろう。この情報は、カタログ作成、マーケティング、プロモーションに使われることになるので、しっかり考えて書くこと。表紙のデザインや、表紙などに推薦文を書いてくれそうな研究者について尋ねられる場合もある。出版社には、通常、電子データだけでなく、プリントアウトしたものも数部送付することになるので、プリンターにも働いてもらうことになる。

　制作の段階に入ったら、編集者から入稿用原稿や校正刷の大きな包みが届くことになる。紙の束が膨らむとともに、楽しみも膨らんでくるはずだ。本の制作スケジュールはたいてい厳しい。ここで失敗をしないように。前金を受け取っていることを覚えているだろうか。そのうち何百ドルかを使って、誰かに校正刷を見てもらおう。もちろん、自分でも校正はする。でも、新鮮な目で原稿を読んでくれる2人めの読み手を確保すべきだ。僕の最初の本の校正刷を読んでくれたのは、編集校正者として仕事をしてきた親しい友だち。2冊めの校正刷を読んでくれたのは、大学のライティングセンターで仕事をしていた大学院生だった。索引を作成する必要がある場合は、校正刷を受け取ったときに作業を行う。索引づくりは延々と続く作業で、決意が試されるが、著者としての人格を磨いてくれるのもこの作業だ。

第 7 章　本を書く

結論

　本を書くというのは、ごくありふれた作業だ。書籍特有の迷路があるわけではないが、長い分だけスケジュール遵守は大事になる。

　人は本を読む。新しい分野について知りたいとき、研究作業をめぐる広いものの見方を身につけたいとき、著者ならではの見解を知りたいとき——そういうときに、人は本を読む。だから、**言いたいことがあるなら本を書こう。言いたいことがたくさんあるなら、本を2冊書こう**。そして、本を書き始めたときには、僕にメールで進み具合を知らせてくれたまえ。本書のヒントが、実際の場面でどんなふうに役に立ったかを僕は知りたいし、夢を抱いて書籍を執筆している後輩たちに向けたアドバイスがあるなら、それも知りたいと思う。

第 8 章

おわりに

「まだ書かれていない素敵なことがら」

本書では、学術的文章を生産的に執筆できる研究者になるためのシステムを具体的に提案してきた。第2章では、まず、執筆に手がつかなくなる心理的要因について整理したうえで、「スケジュールに沿って書き進める」という本書のシステムの核心部分を紹介した。第3章と第4章では、スケジュールを守れるよう、きちんとした目標の立て方や、優先順位のつけ方について説明し、執筆状況の管理方法や、執筆サポートグループのつくり方についても解説した。第5章では、執筆の質について道筋をつけたし、第6章と第7章では、学術論文や書籍の執筆時に実際に使えるヒントの数々を紹介した。たくさん書く方法について薄い本で論じるのは、矛盾するように見えるかもしれない。でも、伝えるべき内容はあまりないし、書くためのシステムというのは、いたってシンプルなのである。

スケジュールを立てる楽しみ

　執筆スケジュールを守ると、よいことづくめなのは明らかだ。1週間に書くページ数が増えれば投稿論文数も増える。助成金の申請書だってもっと書けるし、分担執筆する書籍の章も、出版する書籍の数も増やせる。スケジュールに沿って書けば、書くための時間を工面する危なっかしさとも、書けるかどうかやきもきする焦燥感とも無縁でいられる。期限よりはるかに前にプロジェクトを仕上げられるし、多忙な学期はじめに山ほどの時間を執筆にあてなくても、休暇中に執筆をすませておくことだってできる。スケジュールに沿って書くことで、毎日気持ち

よく一定の分量を書ける。つまり、書くことが、日常生活の一部になる。書く自信がなくなったり、億劫になったり、書くこと以外何も考えられなくなったりする心配もない。

　スケジュールに沿って書くのは、案外楽しいもので、職人の誇りのような感覚を味わえる。文章をいくら書いても、目に見えるかたちでの達成感（報酬）はめったに得られるものではないし、そうしたことは予測不能でもある。リジェクトの山の中に、アクセプトを知らせるレターがたまにまざっている程度だろうか。特に、「一気書き」をしている場合には、目に見えない達成感など、なきに等しいだろう。罪悪感と不安にかられて文章を執筆しても、楽しいはずはない。気分だけで長期間文章を書いていると、執筆期間の後に燃え尽きてしまい、気分が朦朧としてきて、自分が執筆嫌いだった事実をつきつけられることになる。一方、スケジュールをきっちり守った場合には、行動

主義流に言えば、強化スケジュールをしっかり管理したことになる（Skinner, 1987）。目標を達成して報酬を得るサイクルができるということだ。僕の目標は、月曜から金曜までのウィークデイは毎朝執筆することだ。筆が進む日も、落ち込んで焦燥感にかられる日もあるが、最悪だった日も、机に向かって書くには書いたことで幸せになれる。背筋をぴんと伸ばして、ファイルに目標達成の「1」を入力し、「よくやった」と自分を褒めてやる（そして、コーヒーを1杯ごちそうする）。僕は、長年スケジュールを守って書いてきた。僕の原動力になっているのは、先々の論文や書籍の刊行予定ではなく、「ちっとも書きたくなかったし、本当はベーグルを買いに行きたかったんだけど、今日もちゃんと書いた」という日々の小さな勝利の方だと思う。

望みは控えめに、こなす量は多めに

　文章をたくさん書くには、特別な性格も、特別な遺伝子も、特別な動機づけもいらない。そもそも、書きたいと思う必要すらない。デッドラインの設定されていない苦手な作業に着手しようと思う人などめったにいないのだから、書きたいという気持ちになるまで待ったりしないこと。生産的な執筆作業には、習慣という力を飼いならす作業も含まれる。そして、習慣は反復によってつくられる。スケジュールを立て、予定時間になったら机に向かって書くこと。最初の何回かは、呪い、うめき、歯ぎしりをするかもしれない。でもそれも予定時間内のことであって、気の向くままに呪いの言葉を吐くわけではない。何週間

かすれば、執筆スケジュールも習慣になるし、予定時間以外に執筆のプレッシャーを感じることもなくなるはずだ。執筆スケジュールが日常にしっかり組み込まれてしまえば、今度は「書きたいという気持ち」の方に、とまどいや神秘を感じるようになるはずだ。習慣の力というのは大したもので、読者の皆さんも、机に向かって書き始めるようになるはずだ。

　皮肉なことに、文章をたくさん書いても、書くのが楽しくなったり、書きたくなったりはしない。書くという作業は難しいし、今後もずっとそうだろう。書くというのはつらい作業でもある。そして、今後もずっとそうだろう。よほどのことでもない限り、朝から、硬いグラスファイバーの椅子になど座りたくないし、コンピュータの電源も入れたくない。まして、半分しか終わっていない原稿など見たくもない。でも、授業で教えるのだって、イライラすることはあるし、退屈な会議に出ていて、爆発しそうになることはしょっちゅうだろう。こうしたタスクの通常の対処方法はどういったものだろう。単にその場に出向くだけではないだろうか。執筆も同じでよいと思う。スケジュールを立て、机に向かおう。望みは控えめに、こなす量は多めに。ウィリアム・ジンサーは言う。「何をしたいのかを決め、それをやると決め、そしてやる」（Zinsser, 2001, 285 ページ）。

執筆は競争ではない

　多くても、少なくても、自分が書きたいと思う量を書いてよい。本書で説明しているのは、たしかに「どうやって文章をた

くさん書くか」かもしれない。でも、たくさん書かねばならないというふうに思い込まないこと。正確を期すということでは、本書のタイトルは『どうやって通常の勤務日に、不安や罪悪感に苛まれずに、より生産的に書くか』にした方がよかったのかもしれない。でも、それでは誰も買ってくれないだろう。もっと書きたい人は、執筆スケジュールを工夫すれば、さらに生産性の高い書き手になれる。1週間あたりの執筆時間を増やせば、効率を上げることはできるだろう。そのうち、未発表データの在庫を一掃し、さらに自信を持って書けるようになるはずだ。それほど書きたいというわけではない場合も、執筆スケジュールが立ててあれば、罪悪感や不安を感じずにすむ。「なんとか時間を見つけて書こう」と気にし続けることもないし、気分がのっているという無駄な理由で週末を棒に振ることもない。ほんのわずかなことを生涯をかけてじっくり書こうというのが計画なら、執筆時間は、考える時間として使えばよい。予定通り机に向かい、本を読み、仕事の展開について熟考しよう。

　論文や本をたくさん書いても、いい人になれるわけでも、優れた心理学者や科学者になれるわけでもない。心理学者には、文章をひたすら量産する人もいるが、人によっては、同じ発想をひたすら使い回す人もいて、実験や観察にもとづく論文を何本か書き、次に、レビュー論文を書き、さらにそのレビュー論文を温め直して書籍の一部に利用し、それをもとに、今度は教科書の一部やニュースレターの記事を書くというような具合だったりする。多産な研究者は文章の数は多い。でもだからといって、他の研究者より発想が豊かだったり優れていたりするとは限らない。執筆は競争ではない。論文数を１つ増やすというだ

けのために論文を書かないこと。自分の論文や著作の数を数えないこと。投稿をとりやめたために、ファイルキャビネットに眠ることになった原稿、つまり、別の雑誌になら出せるけれど、どの雑誌でもよいというわけではない原稿にも誇りを持つこと。自分が業績数ばかり気にしていることに気づいたら、執筆時間を使って、動機や目標について考えてみた方がよい。

人生を楽しもう

　執筆計画を立てることで、人生や暮らしにバランスがもたらされる。といっても、疑似科学というかニューエイジ風の自己啓発のような奇妙な達成感の話ではなく、仕事と遊びを分けるというような意味でのバランスの話だ。気の向いたときに一気に書こうという「一気書き」派は、まとまった時間を追い求め、夕方や週末に時間を「見つける」ことになる。困ったことだ。つまり、「一気書き」の場合、仕事以外の生活に振り向けられるはずの時間を執筆に使わざるをえないことになる。論文を書くことは、家族や友人と一緒に過ごしたり、犬の面倒をみたり、コーヒーを飲んだりするより大事なのだろうか。遊んでもらえない犬というのは寂しいものだし、飲まなかったコーヒーは二度と飲めない。リアルな世界の時間も、執筆予定時間と同じく大切にしよう。夕方や週末は、家族や友人と外出したり、カヌーをつくったり、要りもしないアルヴァ・アールトの中古北欧家具にオークションで入札したり、法廷ドラマ『ロー ＆ オーダー』の再放送を見たり、よろい戸のペンキを塗り直したり、猫にト

イレのしつけをしたりしよう。自分の自由時間を執筆に費やすのでなければ、何をしてもかまわない。そういう作業は、平日の労働時間内にすませておくべきだろう。

おわりに

　本書を最後まで読んでくださった皆さん、ありがとう。この本は、書いていて本当に楽しい本でした。でも、僕も別の文章にとりかからねばなりません。皆さんにも、執筆が待っているはずです。いざ書かん、前を向いて。かつてサローヤンは、こう書きました。「まだ書かれていない素敵なことがらに思いをめぐらせるのは本当に楽しい。この楽しみには終わりというものがないから」。そしてこう続けたのです。「そうやって考えたことのいくつかを僕は必ず書くんだ」(Saroyan, 1952, 2 ページ)[*1]。

[*1] ウィリアム・サローヤンの自伝的エッセイ『The Bicycle Rider in Beverly Hills（ビバリーヒルズの自転車乗り）』の最初のページに出てくる言葉。

執筆のための参考図書

・最低限の基本書籍

American Psychological Association. (2009). *Publication Manual of the American Psychological Association* (6th ed.). Washington, DC: APA（アメリカ心理学会（APA）（著）『APA論文作成マニュアル（第2版）』 前田樹海, 江藤裕之, 田中建彦（訳） 医学書院 2011）

Merriam-Webster's Collegiate Dictionary (11th ed.). (2003). Springfield, MA: Merriam-Webster.（『メリアム・ウェブスターズ カレッジエイト英英辞典 第11版』 Merriam-Webster 2004）[*1]

Strunk, W., Jr., & White, E. B. (2000). *The Elements of Style* (4th ed.). New York, NY: Longman.（ウィリアム・ストランク, エルウィン・ブルックス・ホワイト『英語文章ルールブック』荒竹三郎（訳） 荒竹出版 1985）[*2]

Zinsser, W. (2001). *On Writing Well* (25th anniversary ed.). New York, NY: Harper Resource.

・スタイル関係

Baker, S. (1969). *The Practical Stylist* (2nd ed.). New York, NY:

[*1] この辞書でなくてもよいから、よい辞書を必ず手元に置くこと。
[*2] 邦訳書は、原著第3版を翻訳したものである。原著第4版の邦訳書は、残念ながらまだない。

Thomas Y. Crowell.

Barzun, J. (2001). *Simple and Direct: A Rhetoric for Writers*. New York, NY: Harper Perennial.

Harris, R. W. (2003). *When Good People Write Bad Sentences: 12 Steps to Better Writing Habits*. New York, NY: St.Martin's Press.

Smith, K. (2001). *Junk English*. New York, NY: Blast Books.

Smith, K. (2004). *Junk English 2*. New York, NY: Blast Books.

Walsh, B. (2000). *Lapsing Into a Comma: A Curmudgeon's Guide to the Many Things That Can Go Wrong in Print— and How to Avoid Them*. New York, NY: Contemporary Books.

Walsh, B. (2004). *The Elephants of Style: A Trunkload of Tips on the Big Issues and Gray Areas of Contemporary American English*. New York, NY: McGraw-Hill.

・文法や句読法関係

Gordon, K. E. (1984). *The Transitive Vampire: A Handbook of Grammar for the Innocent, the Eager, and the Doomed*. New York, NY: Times Books.

Gordon, K. E. (2003). *The New Well-Tempered Sentence: A Punctuation Handbook for the Innocent, the Eager, and the Doomed*. Boston, MA: Mariner.

Hale, C. (1999). *Sin and Syntax: How to Craft Wickedly Effective Prose*. New York, NY: Broadway.

Truss, L. (2003). *Eats, Shoots & Leaves: The Zero Tolerance*

Approach to Punctuation. New York, NY: Gotham.（リン・トラス『パンクなパンダのパンクチュエーション―無敵の英語句読法ガイド―』今井邦彦（訳） 大修館書店 2005）

・モチベーション関係

Boice, R. (1990). *Professors as Writers: A Self-Help Guide to Productive Writing*. Stillwater, OK: New Forums Press.

Friedman, B. (1993). *Writing Past Dark: Envy, Fear, Distraction, and Other Dilemmas in the Writer's Life*. New York, NY: Harper Perennial.

Keyes, R. (2003). *The Writer's Book of Hope*. New York, NY: Holt.

King, S. (2000). *On Writing: A Memoir of the Craft*. New York, NY: Scribner.（スティーヴン・キング『書くことについて』 田村義進（訳） 小学館文庫 2013）

引用文献

Allport, G. W. (1961). *Pattern and Growth in Personality*. New York, NY: Holt, Rinehart &. Winston.（ゴードン・ウィラード・オールポート『人格心理学（上・下）』今田恵（監訳）星野命・入谷敏男・今田寛（訳） 誠信書房 1968）

American Psychological Association. (2009). *Publication Manual of the American Psychological Association* (6th ed.). Washington, DC: APA（アメリカ心理学会（APA）（著）『APA論文作成マニュアル（第2版）』 前田樹海, 江藤裕之, 田中建彦（訳） 医学書院 2011）

Atkinson, J. W. (1964). *An Introduction to Motivation*. New York, NY: Van Nostrand.

Baker, S. (1969). *The Practical Stylist* (2nd ed.). New York, NY: Thomas Y. Crowell.

Bandura, A. (1997). *Self-Efficacy: The Exercise of Control*. New York, NY: W. H. Freeman.（アルバート・バンデューラ『激動社会の中の自己効力』本明寛・野口京子(監訳) 金子書房 1997）

Batson, C. D., Schoenrade, P., & Ventis, W. L. (1993). *Religion and the Individual*. New York, NY: Oxford University Press.

Baumeister, R. F., & Leary, M. R. (1997). Writing narrative literature reviews. *Review of General Psychology, 1*, 311–

320.

Bem, D. J. (1995). Writing a review article for *Psychological Bulletin*. *Psychological Buttetin, 118*, 172–177.

Boice, R. (1990). *Professors as Writers: A Self-Help Guide to Productive Writing*. Stillwater, OK: New Forums Press.

Brehm, J. W. (1966). *A Theory of Psychological Reactance*. New York, NY: Academic Press.

Carver, C. S., & Scheier, M. F. (1998). *On the Self-Regulation of Behavior*. New York, NY: Cambridge University Press.

Cooper, H. (2003). Editorial. *Psychological Bulletin, 129*, 3–9.

Duval, T. S., & Silvia, P. J. (2001). *Self-Awareness and Causal Attribution: A Dual Systems Theory*. Boston, MA: Springer.

Duval, T. S., & Wicklund, R. A. (1973). *A Theory of Objective Self-Awareness*. New York, NY: Academic Press.

Eisenberg, N. (2000). Writing a literature review. In R. J. Sternberg (Ed.), *Guide to Publishing in Psychology Journals* (pp. 17–34). Cambridge, England: Cambridge University Press.

Ericsson, K. A., Krampe, R. T., & Tesch-Römer, C. (1993). The role of deliberate practice in the acquisition of expert performance. *Psychological Review, 100*, 363–406.

Gordon, K. E. (2003). *The New Well-Tempered Sentence: A*

Punctuation Handbook for the Innocent, the Eager, and the Doomed. Boston, MA: Mariner.

Grawe, S. (2005). Live/work. *Dwell, 5*(5), 76–80.

Hale, C. (1999). *Sin and Syntax: How to Craft Wickedly Effective Prose*. New York, NY: Broadway.

Heider, F. (1958). *The Psychology of Interpersonal Relations*. New York, NY: Wiley.（フリッツ・ハイダー『対人関係の心理学』大橋正夫（訳）　誠信書房　1978）

Hull, C. L. (1943). *Principles of Behavior*. New York, NY: Appleton-Century-Crofts.（クラーク・レオナルド・ハル『行動の原理』能見義博，岡本栄一（訳）　誠信書房　1975）

Jellison, J. M. (1993). *Overcoming Resistance: A Practical Guide to Producing Change in the Workplace*. New York, NY: Simon & Schuster.

Kellogg, R. T. (1994). *The Psychology of Writing*. New York, NY: Oxford University Press.

Kendall, P. C., Silk, J. S., & Chu, B. C. (2000). Introducing your research report: Writing the introduction. In R. J. Stemberg (Ed.), *Guide to Publishing in Psychology Journals* (pp. 41–57). Cambridge, England: Cambridge University Press.

Keyes, R. (2003). *The Writer's Book of Hope*. New York, NY: Holt.

引用文献

King, S. (2000). *On Writing: A Memoir of the Craft*. New York, NY: Scribner.(スティーヴン・キング『書くことについて』 田村義進（訳） 小学館文庫 2013)

Kline, R. B. (2005). *Principles and Practice of Structural Equation Modeling* (2nd ed.). New York, NY: Guilford Press.

Korotitsch, W. J., & Nelson-Gray, R. O. (1999). An overview of self-monitoring research in assessment and treatment. *Psychological Assessment, 11*, 415–425.

Lewin, K. (1935). *A Dynamic Theory of Personality*. New York, NY: McGraw-Hill.

Parrott, A. C. (1999). Does cigarette smoking cause stress? *American Psychologist, 54*, 817–820.

Pope-Hennessy, J. (1971). *Anthony Trollops*. London, England: Phoenix Press.

Reis, H. T. (2000). Writing effectively about design. In R. J. Sternberg (Ed.), *Guide to Publishing in Psychology Journals* (pp. 81–97). Cambridge, England: Cambridge University Press.

Salovey, P. (2000). Results that get results: Telling a good story. In R. J. Sternberg (Ed.), *Guide to Publishing in Psychology Journals* (pp. 121–132). Cambridge, England: Cambridge University Press.

Saroyan, W. (1952). *The Bicycle Rider in Beverly Hills*. New York, NY: Scribner.

Sawyer, R. K. (2006). *Explaining Creativity: The Science of Human Innovation*. New York, NY: Oxford University Press.

Silvia, P. J. (2006). *Exploring the Psychology of Interest*. New York, NY: Oxford University Press.

Silvia, P. J., & Gendolla, G. H. E. (2001). On introspection and self-perception: Does self-focused attention enable accurate self-knowledge? *Review of General Psychology, 5*, 241–269.

Skinner, B. F. (1987). *Upon Further Reflection*. Englewood Cliffs, NJ: Prentice Hall.（バラス・フレデリック・スキナー『人間と社会の省察：行動分析学の視点から』岩本隆茂，長野幸治，佐藤香（監訳）　勁草書房　1996）

Smith, K. (2001). *Junk English*. New York: Blast Books.

Sternberg, R. J. (Ed.). (2000). *Guide to Publishing in Psychology Journals*. Cambridge, England: Cambridge University Press.

Strunk, W., Jr., & White, E. B. (2000). *The Elements of Style* (4th ed.). New York, NY: Longman.（ウィリアム・ストランク，エルウィン・ブルックス・ホワイト『英語文章ルールブック』荒竹三郎（訳）　荒竹出版　1985[*1]）

[*1]　邦訳書は、原著第3版を翻訳したものである。

Stumpf, B. (2000). *The Ice Palace That Melted Away: How Good Design Enhances Our Lives*. Minneapolis: University of Minnesota Press.

Trollope, A. (1999). *An Autobiography*. New York, NY: Oxford University Press. (Original work published 1883)

Wrightsman, L. S. (1999). *Judicial Decision Making: Is Psychology Relevant?* Boston, MA: Springer.

Wrightsman, L. S., & Fulero, S. M. (2004). *Forensic Psychology* (2nd ed.). Belmont, CA: Wadsworth.

Zinsser, W. (1988). *Writing to Learn*. New York, NY: Harper Perennial.

Zinsser, W. (2001). *On Writing Well* (25th anniversary ed.). New York: Harper Resource.

訳者あとがき

　本書は、アメリカ心理学会出版局から出版されたポール・J・シルヴィア（Paul J. Silvia）著『How to Write a Lot: A Practical Guide to Productive Academic Writing（どうやってたくさん書くか──生産的な学術執筆のための実践ガイド）』(2007) の邦訳である。

　著者のポール・J・シルヴィアは、現在、米国のノースカロライナ大学グリーンズボロ校（UNCG）の心理学科で教鞭をとる気鋭の心理学者だ。2001 年にカンサス大学で心理学の博士号を取得し、アメリカ心理学会の若手向けの賞であるバーライン賞も受賞している。研究活動の傍ら、本書や、その続編とも言える『Write It Up: Practical Strategies for Writing and Publishing Journal Articles（論文を書き上げる──学術論文の執筆と発表の実践的戦略）』(2014) を執筆してきた。

　章ごとにかいつまんで内容を紹介しよう。

　第 1 章で本書の内容全般が紹介された後、第 2 章では、執筆が進まない言い訳が片っ端から撃破される。その筆頭が、「まとまった時間さえあれば書けるのに」という言い訳だ。ここでダメなやり方として言及されるのが「binge writing」。本書では、「一気書き」と訳出したが、もともとは本書でも引用されているロバート・ボイス（Robert Boice）が 1990 年前後に提出した概念だ。binge というのは「過度に」というような意味で、binge eating なら「どか食い」というよう

な意味になる。「binge writing」は、気分がのるのを待って一気にまとめて書こうとする書き方とされ、ボイスは、こうした書き方が非効率なばかりでなく、「一気書き」した後には燃え尽き感が生じることも指摘している。こうした「一気書き」に対置されるのが、スケジュールを立てて執筆時間をあらかじめ割りふり、そのスケジュールに沿って書いていくというやり方で、本書で推奨されるのは、もちろんこちらの方だ。「もっとデータを集めないと書けない」とか、「インスピレーションが湧いてこない」といった他の言い訳もユーモアをまじえて撃破される。

第3章では、自分がたずさわっている研究全体を把握する一環として執筆の進捗状況を把握できるようなノウハウが具体的に紹介される。執筆時間を、狭い意味での執筆には含まれない他の作業（計画の樹立、資料集めなど）にあててもよい点の示唆を含め、痒いところに手のとどくヒントが満載だ。

第4章では、周囲の仲間と一緒に執筆のモチベーションを保とうという執筆サポートグループ活動が紹介される。一番この本らしい章だと言えるかもしれない。

第5章では、基本的な単語を使って明晰な文章を書くという文章執筆の基本姿勢が、実例を踏まえて示される。

次の本書で一番長い第6章では、論文の執筆が扱われる。論文やレターの書き方のみならず、執筆、投稿、リジェクト、再投稿といったさまざまな場面で何をどう判断すればよいのかも示される。

第7章では、書籍の執筆が扱われる。本を書いたことの

訳者あとがき

ない人でも、書籍執筆の全体像が把握できるだろう。

最後の第8章では、執筆は執筆時間にすませて生活を大事にしようという基本が確認される。

本書の特徴として、論文を書いている研究者としての経験からだけでなく、心理学者として、なぜ多くの研究者が論文を効率的に書けない状態に陥るかを冷静かつユーモアを込めて分析していることが挙げられる。論文の書き方に関する指南書はこれまでも数多く出版されているが、本書が画期的なのは、いかにして論文執筆のモチベーションを上げ、精神的負担を軽くして論文執筆に取り組めるようにするかについて、メンタルな面を含めて冷静に分析し、その解決策を誰にでもわかるように明瞭に提示している点だろう。

研究活動をスタートしたばかりの若手研究者や大学院生の皆さんは、いかにして論文をたくさん書くかということが自分自身のキャリアアップにとって避けて通ることのできない問題だと自覚しておられると思う。しかし、実際にはなかなか書けていないのではないだろうか。そうした状態を脱却するために、本書は優れた指南書になると思う。

現在すでに多くの論文を書いておられる第一線の研究者の皆さんも、日頃感じておられることがらを、辛辣な皮肉を含め、きれいに整理して提示してくれる本書の内容に共感していただけるのではないかと思う。

また、指導すべき若手研究者・大学院生を抱えるシニア研究者の皆さんにも、後進の指導や、メンタルな面を含め

ての叱咤激励のための一助として、本書を役立てていただけるのではないかと考える。

　翻訳にあたっては、著者自身が、「書くことを重荷に感じたり、「書く時間」の捻出に苦労している人にも、心理学の書籍にはコーヒーやアイスランド語やマウンテンドッグをめぐる余計なことがいっぱい書いてあるべきだと考えている人にも、この本は役立つかもしれない」（http://silvia.socialpsychology.org/）と語る延長線上で、本書を手にとっていただくべく、なるべく読みやすいかたちでの訳出をこころがけた。しかし、論文執筆同様、翻訳というのも大変困難な作業で、目標をどこまで達成できたかは不明である。

　なお、翻訳に際し、岡山大学大学院環境生命科学研究科の国枝哲夫教授に細かい用語から訳注の記載内容にいたるまで、翻訳開始時から幅広く助言していただいた。しかし、用語や内容に不適切な点があったとすれば、それはもちろん訳者の責任である。

　また、心理学の用語については、早稲田大学文学学術院の板口典弘助手に助言していただいた。さらに、国立研究開発法人 農業環境技術研究所の三中信宏氏には、推薦文を寄稿いただき、この場を借りてお礼を申し上げる。

　最後になりましたが、講談社サイエンティフィクの横山真吾氏に大変お世話になりました。ありがとうございました。

2015年2月

　　　　　　　　　　　　　　　　　　高橋さきの

索　引

あ行

アウトライン
　　　　　　　20, 37, 97-100, 124, 127-129, 136-138
アウトラインを作成せずに文章を執筆してはならない　97
アクセプト（受理）　96, 113-115, 117, 120, 153
悪文　66-67
悪文しか書けないわけ　66-67
アクロニム（頭字語）　72
アブストラクト（Abstract）　100
飴と鞭　61
新たな原稿の執筆　40
言い訳　12-31
　　一番たちの悪い言い訳　19
　　一番もっともらしい言い訳　19
　　一番破れかぶれな言い訳　21
　　一番理屈の通らない言い訳　25
　　インスピレーションが湧くのを待っているという言い訳　25-29
　　気分がのっていないという言い訳　25
　　時間がないという言い訳　12-19
　　自分専用の執筆スペースがないという言い訳　22
　　準備不足という言い訳　19-21
　　プリンターがないという言い訳　23
　　迷信としての言い訳　13
一番たちの悪い言い訳　19
一番もっともらしい言い訳　19
一番破れかぶれな言い訳　21
一番理屈の通らない言い訳　25

一気書き（binge writing）
　　　　　　　15, 20, 34, 36, 48, 56, 125, 129, 157, 169
「一気書き」の非効率性　20, 26-27
インスピレーションが湧くのを待っているという言い訳　26, 29
インスピレーションでなくルーチン　30
印税　145
引用文献（References）　110
エヌダッシュ　80-81
エムダッシュ　78-79

か行

書く時間は「見つける」ものではない　13
学術論文の執筆　96-111
　　アウトライン　97
　　アウトラインを作成せずに文章を執筆してはならない　97
　　アクセプト（受理）　96
　　アブストラクト（Abstract）　100
　　結果（Results）　106
　　考察（Discussion）　108
　　材料と方法（Materials and Methods）　103
　　引用文献（References）　110
　　自分の論文の引用　111
　　序論（イントロダクション、Introduction）　101
　　総合考察（General Discussion）　108
　　想定読者　99
　　タイトル（Title）　100
　　方法（Methods）　103

論文は短くまとめる……99
APAスタイル……97
書こうという気持ち　⇒　動機づけ
カバーレター（再投稿時）……116-119
カバーレター（投稿時）……112
簡潔明瞭な文……74
気分がのっていないという言い訳……25
教員と大学院生は分ける（サポートグループ）
……62
教科書の執筆……134
共著論文を書く……124-126
具体的作業を1日単位でリストアップ……36
契約……142
結果（Results）……106
考察（Discussion）……108
校正刷や入稿用原稿のチェック……38
ご褒美・報償・楽しみ……50-51, 61, 63

さ行

材料と方法（Materials and Methods）……103
作業のリストアップ……35
査読やレビュー……40
査読結果……113-124
　査読結果についての判断……114
　論文の修正……116
　カバーレター（再投稿時）……116-119
　論文がリジェクトされる確率……120-121
　リジェクトを恐れない……120-123
査読結果についての判断……114
査読者……104-105

サポートグループ……56-64
　飴と鞭……61
　教員と大学院生は分ける……62
　サポートグループの開催間隔……60
　サポートグループの誕生……57
　執筆関連に話題を絞る……60
　ノースカロライナ大学グリーンズボロ校……57
　不平不満……56
　agraphia（執筆能力喪失状態）……58
サポートグループの開催間隔……60
サポートグループの誕生……57
参考文献　⇒　引用文献
自家撞着……52
時間がないという言い訳……12-19
自己強化……50
仕事の遅い共著者……41
執筆サポートグループ　⇒　サポートグループ
執筆スキル……5
執筆モチベーションの維持……45-46
執筆関連に話題を絞る（サポートグループ）
……60
執筆記録シート（書籍）……140
執筆時間（スケジュール）の死守……16-18
執筆準備も執筆時間中に行う……20-21, 24
自分以外の誰かに読んでもらう（書籍）……148
自分専用の執筆スペースがないという言い訳
……22
自分なりの執筆スタイル……155
自分の論文の引用……111
自分へのご褒美　⇒　ご褒美・報償・楽しみ
締め切りのある事項……39

索引

重文 ··· 74
受動態 ··· 85
受動的な表現 ································· 85-86
修正原稿の再投稿 ······························· 39
出版社 ·· 141
冗長な表現 ··· 85
準備不足という言い訳 ···················· 19-21
助成金の申請書 ⇒ 申請書
書籍執筆のステップ ···················· 135-141
書籍の企画書 ··································· 143
書籍の執筆 ································· 132-149
 アウトライン ···································· 136
 印税 ·· 145
 教科書の執筆 ·································· 134
 契約 ·· 142
 執筆記録シート(書籍) ··················· 140
 自分以外の誰かに読んでもらう(書籍) ··· 148
 出版社 ·· 141
 書籍執筆のステップ ···············135-141
 書籍の企画書 ································ 143
 書籍を執筆する理由 ··············133-135
 スケジュールを立てる ···················· 139
書籍を執筆する理由 ·················· 133-135
序論(イントロダクション、Introduction) ······ 101
進行状況記録表 ······························ 46-48
進行状況の監視 ···································· 45
申請書 ····· 19, 27, 35, 39, 40, 42, 47, 50, 56, 61, 125, 132
人生を楽しむ ····································· 157
随伴性マネージメント ························· 50
スケジュール派 ······················· 36, 39, 64

スケジュールの死守 ⇒ 執筆時間(スケジュール)の死守
スケジュールを立てる(執筆時間を割りふる)
 ··········· 13-19, 25-26, 30, 34, 36, 39, 40,
  42, 53-54, 57, 61, 121, 126, 129, 152-157
スランプ ··· 51
セミコロン ······························ 76-77, 83, 90
専門用語(テクニカルターム) ············· 68
専門用語(テクニカルターム)を揃える ···· 69
総合考察(General Discussion) ········· 108
総説 ⇒ レビュー論文
想定読者 ····································· 99, 143
その他の執筆作業 ······························· 41

た行

大学院生が関わっている執筆作業 ········· 41
タイトル(Title) ································· 100
ダッシュ(エムダッシュ、エヌダッシュ) ···· 78-81
単文 ··· 74
著者の執筆環境(写真) ······················ 23
机に向かったかどうかを記録する ···· 46-48
同格の句 ··· 81
動機づけ、書こうという気持ち、モチベーション
 ······································ 34-54, 57, 96, 126
投稿 ··· 111
 カバーレター(投稿時) ··················· 112
 投稿規定 ·· 112
投稿規定 ·· 112

な行

ノースカロライナ大学グリーンズボロ校 ………… 57

は行

ハイフン ………………………………………… 80
パラレルな文 …………………………………… 74
不安定な重文 …………………………………… 84
複文 ……………………………………………… 74
不平不満 ………………………………………… 56
文章の完璧主義 ………………………………… 92
文の種類（単文、重文、複文） ……………… 74
文脈寄生的強意語 ……………………………… 73
プリンターがないという言い訳 ……………… 23
平易なことばを使用する ……………………… 66
方法（Methods） ……………………………… 103
ボーナス書き …………………………………… 18

ま行

まずは書く、後で直す ………………………… 92
未発表研究（お蔵入りした研究） ………… 3, 96
迷信としての言い訳 …………………………… 13
目標設定作業は執筆時間に行う ……………… 35
目標を設定する ……………………………… 34-38
　具体的作業を 1 日単位でリストアップ …… 36
　作業のリストアップ ………………………… 35
　目標設定作業は執筆時間に行う …………… 35
モチベーション　⇒　動機づけ

や行

優先順位をつける（教員） ………………… 38-41
　新たな原稿の執筆 …………………………… 40
　校正刷や入稿用原稿のチェック …………… 38
　査読やレビュー ……………………………… 40
　締め切りのある事項 ………………………… 39
　修正原稿の再投稿 …………………………… 39
　その他の執筆作業 …………………………… 41
　大学院生が関わっている執筆作業 ………… 41
優先順位をつける（大学院生） …………… 41-43
弱い文 …………………………………………… 82

ら行

ライティングのスキルを身につける ………… 67
リジェクト（掲載拒否） …… 39, 96, 114, 115, 120-123
リジェクトを恐れない ………………………… 123
略語 ……………………………………………… 72
レビュー論文（総説） …………………… 126-130
論文がリジェクトされる確率 …………… 120-121
論文の修正 ……………………………………… 116
論文は短くまとめる …………………………… 99

わ行

ワード数 …………………………… 37, 38, 47, 140

索引

欧文

APA スタイル ·················· 29, 71, 97, 110, 159
however や for example の位置 ··············· 89
in nature ··· 88
individual の使用 ··· 71
such that の使用 ······································· 82-83
to be 〜ive of ··· 87

人名・書名

シェリダン・ベイカー (Baker, Sheridan) ········· 74
ロバート・ボイス (Boice, Robert)
······································ 26, 44, 52, 61, 169
T・シェリー・デュヴァル (Duval, T. Shelley)
··· 24, 133, 143
フリッツ・ハイダー (Heider, Fritz) ········· 133, 164
ラルフ・キイス (Keyes, Ralph)
··· 19, 29, 30, 61, 141
スティーヴン・キング (King, Stephen)
·· xii, 61, 161
シェリル・ローガン (Logan, Cheryl) ········ 57, 58
ピーター・サロヴェイ (Salovey, Peter) ········ 106
ウィリアム・サローヤン (Saroyan, William)
·· 24, 158
ケン・スミス (Smith, Ken) ····················· 61, 73
ビル・スタンプ (Stumpf, Bill) ·············· 24-25
ウィリアム・ストランク Jr (Strunk Jr., William)
·· 73
アンソニー・トロロープ (Trollope, Anthony)
··· 29-30, 38, 57-58

エルウィン・ブルックス・ホワイト
    (White, Erwin Brooks) ···························· 73
ラリー・ライツマン (Wrightsman, Larry) ······· 133
ウィリアム・ジンサー (Zinsser, William)
······································ 3, 37, 61, 94, 98, 155
『On Writing Well』 ·································· 60, 159
『Publication Manual of the American
    Psychological Association（6th ed.）』 ······ 97
『The Elements of Style』 ························ 73, 159

著者紹介

　ポール・J・シルヴィアは、2001年にカンサス大学で心理学の博士号を取得し、感情の心理学、特に、ものごとをおもしろくする存在、芸術における感情の役割、感情と人格の交錯を中心に研究してきた。美的感情についての研究で、アメリカ心理学会第10支部（美学、創造性、芸術の心理学）の若手向けの賞であるバーライン賞を受賞。

　著書には、『Exploring the Psychology of Interest（興味関心の心理学を探る』Oxford University Press（2006）、『Self-Awareness & Causal Attribution（自己意識と原因帰属）』Springer（2001、デュヴァルとの共著）などの専門書の他に、本書や、その続編とも言える『Write It Up: Practical Strategies for Writing and Publishing Journal Articles』APA（2014）などがある。

　余暇には、コーヒーを嗜み、バーニーズ・マウンテンドッグの愛犬ライアと戯れ、書かないことを楽しんでいる。

講談社の自然科学書

できる研究者の論文作成メソッド
書き上げるための実践ポイント

Write It Up:
Practical Strategies
for Writing and Publishing
Journal Articles

ポール・J・シルヴィア 著　高橋さきの 訳

四六・270ページ・定価：2,200円（税込）　ISBN 978-4-06-155627-0

どうすれば「インパクトがある論文」を書けるのか

◆ 原稿の各種スタイルはもちろん、雑誌の選び方、共著論文執筆のヒント、投稿後の対応などの実践ポイントを解説した。
◆ 爽快でユーモア溢れるシルヴィア節は健在で、初めて英語論文を書く大学院生に有益この上ない！

―― 目　次 ――

- はじめに
  - なぜ、書くのか
  - インパクトが大切――発表すればよいというものではない
  - 本書の構成

第 I 部 │ 計画と準備

- 第1章　投稿する雑誌をいつどうやって選ぶのか
  - 1-1 雑誌の質を理解する：優・良・不可
  - 1-2 いつ雑誌を選ぶか
  - 1-3 雑誌を選ぶ
  - 1-4 だめだったときの投稿先
- 第2章　語調と文体
  - 2-1 自分の声はどう聞こえているか
  - 2-2 スキル
  - 2-3 文体の「べからず集」について考える
- 第3章　一緒に書く：共著論文執筆のヒント
  - 3-1 なぜ一緒に書くのか
  - 3-2 やめておいた方がよいケース：避けた方がよい相手
  - 3-3 実効性のある方法を選ぶ
  - 3-4 うまくいかないときにどうするか
  - 3-5 誰が著者かを決める
  - 3-6 よい共同研究者になる

第 II 部 │ 論文を書く

- 第4章　「序論」を書く
  - 4-1 論文の目的や論理構成を把握する：「序論」展開用テンプレート
  - 4-2 構成用テンプレート：「ブックエンド／本／ブックエンド」
  - 4-3 書き始めは力強いトーンで
  - 4-4 短報の「序論」を書く
- 第5章　「方法」を書く
  - 5-1 読み手が納得できる「方法」を書く
  - 5-2 どこまで詳しく書くか
  - 5-3 「方法」で記載する各項目
  - 5-4 論文のオープン化、共有化、アーカイブ化
- 第6章　「結果」を書く
  - 6-1 短い「結果」
  - 6-2 「結果」の構成
  - 6-3 さしせまった問題と細かい問題
- 第7章　「考察」を書く
  - 7-1 よい「考察」とは
  - 7-2 必須の要素
  - 7-3 厄介な任意の要素
- 第8章　奥義の数々：タイトルから脚注まで
  - 8-1 文献（Reference）
  - 8-2 タイトル
  - 8-3 要旨（アブストラクト）
  - 8-4 図821;表
  - 8-5 脚注
  - 8-6 付録や補足資料
  - 8-7 ランニングヘッド

第 III 部 │ 論文を発表する

- 第9章　雑誌とのおつきあい：投稿、再投稿、査読
  - 9-1 論文を投稿する
  - 9-2 通知の内容を理解する
  - 9-3 どう修正するか
  - 9-4 自分以外の論文：原稿を査読する
- 第10章　論文は続けて書く：実績の作り方
  - 10-1 「1」は孤独な数字
  - 10-2 インパクトを高める方法
  - 10-3 やめておいた方がよい執筆
  - 10-4 どうやって全部書くか
- おわりに

※表示価格には消費税（10%）が加算されています。　　　　　　　［2021年4月現在］

講談社サイエンティフィク　https://www.kspub.co.jp/

著者紹介

ポール・J・シルヴィア（Paul J. Silvia）
ノースカロライナ大学グリーンズボロ校（UNCG）教授。
2001年にカンザス大学で心理学の博士号を取得。
著書に、本書の姉妹書『Write It Up: Practical Strategies for Writing and Publishing Journal Articles (邦題：できる研究者の論文作成メソッド)』APA (2014) などがある。

訳者紹介

高橋さきの
翻訳家。東京大学農学系研究科修士課程修了。
訳書に、『科学者として生き残る方法』日経BP社（2008）、『できる研究者の論文作成メソッド』講談社（2016）、『アカデミック・フレーズバンク』講談社（2022）など、多数ある。

NDC407　　190p　　19cm

できる研究者の論文生産術
どうすれば「たくさん」書けるのか

2015年　4月　7日　第　1刷発行
2024年10月　4日　第19刷発行

著　者	ポール・J・シルヴィア
訳　者	高橋さきの
発行者	篠木和久
発行所	株式会社　講談社

〒112-8001　東京都文京区音羽2-12-21
　　販売　（03）5395-4415
　　業務　（03）5395-3615

KODANSHA

編　集　株式会社　講談社サイエンティフィク
　　　　代表　堀越俊一

〒162-0825　東京都新宿区神楽坂2-14　ノービィビル
　　編集　（03）3235-3701

本文データ制作　株式会社エヌ・オフィス
印刷・製本　株式会社ＫＰＳプロダクツ

落丁本・乱丁本は、購入書店名を明記のうえ、講談社業務宛にお送りください．送料小社負担にてお取替えいたします．なお、この本の内容についてのお問い合わせは、講談社サイエンティフィク編集宛にお願いいたします．定価はカバーに表示してあります．

© Sakino Takahashi, 2015

本書のコピー、スキャン、デジタル化等の無断複製は著作権法上での例外を除き禁じられています．本書を代行業者等の第三者に依頼してスキャンやデジタル化することはたとえ個人や家庭内の利用でも著作権法違反です．

Printed in Japan

ISBN 978-4-06-153153-6